大学生创新创业系列

CULTURAL CREATIVE

文化创意创新型人才培养

四川外国语大学学生创业案例集

张艳　秦勇◎主编

中国经济出版社
CHINA ECONOMIC PUBLISHING HOUSE
·北京·

图书在版编目(CIP)数据

文化创意创新型人才培养:四川外国语大学学生创业案例集 / 张艳,秦勇主编.
—北京:中国经济出版社,2019.8
ISBN 978-7-5136-5868-3

Ⅰ.①文… Ⅱ.①张… ②秦… Ⅲ.①大学生—创业—案例—重庆 Ⅳ.①G647.38

中国版本图书馆 CIP 数据核字(2019)第 188668 号

责任编辑 夏军城
责任印制 马小宾
封面设计 任燕飞

出版发行 中国经济出版社
印 刷 者 北京科信印刷有限公司
经 销 者 各地新华书店
开 本 710mm×1000mm 1/16
印 张 11
字 数 109 千字
版 次 2019 年 8 月第 1 版
印 次 2019 年 8 月第 1 次
定 价 48.00 元
广告经营许可证 京西工商广字第 8179 号

中国经济出版社 网址 www.economyph.com 社址 北京市东城区安定门外大街 58 号 邮编 100011
本版图书如存在印装质量问题,请与本社销售中心联系调换(联系电话:010-57512564)

编委会

前　言

在2014年9月的夏季达沃斯论坛上，国务院总理李克强发出“大众创业、万众创新”倡议。2015年，国务院办公厅出台《关于深化高等学校创新创业教育改革的实施意见》（国办发〔2015〕36号）。2016年5月，中共中央、国务院发布《国家创新驱动发展战略纲要》，纲要指出：“创新驱动是国家命运所系……创新驱动是世界大势所趋……创新驱动是发展形势所迫……”“创新驱动”国家战略的确立，极大地激励了怀有创业梦想，充满热情和干劲的大学生积极投身于创新创业的浪潮中，涌现出了一大批创新创业的优秀典型，为广大青年学子树立了榜样。

2009年，四川外语学院（2013年4月更名为四川外国语大学）开设选修课创新精神培养及创业教育，并设立100万应届毕业生就业创业基金。2014年以来，学校先后开设创业基础、大学生创业基础、大学生职业核心能力培养、创新精神培养及创业教育、网络创业理论与实践等10多门线上线下课程，引导大学生创新创业。在授课过程中，老师们引用了大量身边“川外人”的创业案例，进一步激发了本校学子的创业热情。四川外国语大学先后鼓励并支持了近70项毕业生项目，带动了500多人就业，实现了“创新引导创业”“创业带动就业”的创业工作目标。征集身边“川外人”创业典型案例，汇编成册，为后来者提供创业参考的想法应运而生。

2016年，学校响应国务院办公厅《关于深化高等学校创新创业教育改革的实施意见》精神，修订学籍管理规定将创业休学单列。由此，我校诞生了重庆市第一位休学创业的学生——胡树林。2017年，四川外国语大学跨境服务微型企业园被评为重庆市大学生创业示范基地（第四批）。2018年，学校出台《四川外国语大学关于推进创新创业教育工作的实施意见》《四川外国语大学大学生创新创业教育专项经费管理办法》《四川外国语大学创新创业教育学生资助及奖励办法》和《四川外国语大学创新创业教育教师奖励办法》等“1+3”配套文件，通过给予专项经费支持、课时量折算、科研量折算等方式支持鼓励专业教师、学生积极加入双创工作及创新创业教育。设置创新创业学分，将创新创业教育与人才培养方案相结合。

学校围绕人才培养目标，以提升大学生创新创业能力为核心，以创业教育和专业教育深度融合为主线，以优化创业课程体系、构建“1 + n”（校级 + 院系级）两级创新平台、打造导师队伍、精培促进孵化质效为重点，构建立足专业、分层分类、深度融合、多维协同的创新创业教育生态体系。为进一步展示近年来”川外人”在创新创业路上的求新、求变勇于创新的拼搏精神，本案例集的编写工作正式立项启动。

学校发挥外语优势和特色服务社会，为提升重庆内陆开放高地建设水平、创造更好的开放经济环境、促进重庆产业国际化和多元化发展提供智力支撑和人才支持。广大“川外学子”在学校搭建的广阔平台上，将专业融入文艺策划，将创想融入时尚设计、将新奇融入视觉表达，把文化创意行业领域的初创工作做得有声有色。

编写小组寻访并采写了近年来“川外学子”文化创意创新方面的15个典型创业案例。他们的创业成果让我们欣慰；他们把实现个人理想融入到“中国梦”的实现中，响应国家号召投身“双创热潮”所表现出的勇气与担当、责任与坚守、反思与渐悟让我们感动；他们的创新行动力和创业精神彰显了“川外人”的理想与胸怀！

一个个年轻的创业者，用他们不凡的奋斗历程谱写了华美的创业乐章。每一个故事都浓缩了丰富的创业经验，为在校的同学提供了可鉴之路。这些创业先锋有的是先实习，在实习中找到创业“痛点”，走上创业之路；有的是直叩创业之门，披荆斩棘，在社会这个大熔炉里百炼成钢。

创业过程中，那些险些“过不去的坎儿”，反而锻炼了创业者们的心志，考验了其人性；让其懂得了什么是坚持，什么是梦想，什么是初心，成为其人生的一笔宝贵财富。

四川外国语大学建校70年来，已经为国家培养了10余万名优秀毕业生。校友遍布全球，从行业领袖到平凡劳动者，无不扎根自己的岗位践行着“开放、包容、求实、创新”的川外精神。书中15位创业奋斗者，只是“川外人”的一个缩影。广大校友用他们的创造力、行动力，取得了令母校欣慰的业绩。他们的经历，需要我们进一步去挖掘、总结、传播。本次出版的创业案例集，只是一个起点，我们将投入更大的热情更多的努力，以期出版更多内容丰富、可供在校学生参考的创业故事集。

本书出版过程中，得到了学校有关单位的鼎力支持。他们认真组织、积极推荐，大大加快了编写工作的进度。在此，一并感谢！

由于时间仓促，采访深度广度不一，难免挂一漏万，不当之处，敬请指正。

编　者

2019年8月

目　录

玩转镜头
——“80 后”辣妈的摄美初心

人物志

姓名：阮藐藐

入学年级：2004 级

入读院系：新闻传播学院

就读专业：国际新闻

创业项目

创立树之影传媒—树苗影像工作室。

【创业故事】

清新风格的新工作室，坐落于四川外国语大学校内

自 2004 年 9 月来到四川外国语大学，阮藐藐从此便与其有了千丝万缕的联系。从大学本科到研究生毕业，结婚、生子、创业，人生很多重要时光都在这里度过。阮藐藐是个朴实的有心人，她用荧幕塑造感动，用真诚铸造回忆，用态度谱写成功。只要心中有大美，就能挖掘生活中的小美。

大学期间，阮藐藐一次和父亲外出旅行，用老式相机拍了三卷胶卷照片。冲洗后发现只有十几张勉强能看，心中的挫败感不小。所幸大学所学专业开设了摄影课，从此手中的相机就再也放不下了。研究生毕业后，阮藐藐在媒体行业工作了五年，其间从未停止摄影。随着工作经验的积累，有了越来越多的规划和想法，她想要去尝试和实践。“如果觉得喜欢，考虑成熟了就会尽全力去做；与其观望犹豫，不如鼓起勇气去行动。”

2014 年，她终于开启了独立摄影师的征程。

创业初

2014 年初，阮藐藐在重庆出版集团从事采编工作，小有成绩，有了许多约拍，深感没有固定工作室的不便。9 月女儿出生，阮藐藐突然被赋予了新的人生角色，她希望能够给孩子更多的陪伴。彼时，四川外国语大学正开展创新创业教育。2015 年由学校招生就业处就业创业指导服务中心规划、建设、运营和管理的四川外国语大学创业孵化园面向师生免费开放。她抓住了这个机会，成为第一批入住微企园的创业者，在沙坪坝区烈士墓九鼎创业孵化园成立了自己的工作室——树苗影像工作室。

得益于其对亲子摄影的独特理解，乐于分享的亲民作风，口碑相传的宣传，说做就做的干练，阮藐藐的工作室运营得很顺利。2015 年 10 月底，四川外国语大学与九鼎签署校企合作协议，发布入园通知。趁此东风，阮藐藐提出入园申请，签署了入园协议。从选定办公用房，到工商局注册、装修宣传，到 2016 年 4 月 24 日正式开业，只用了四个月。受时间所限，大

**2016 年 4 月 24 日，位于九鼎创业孵化园的分享会，
吸引了一批对亲子摄影感兴趣的家长和朋友**

多数家长和小朋友只有周末有时间进行拍摄，阮藐藐平均每个周末要约拍 3 ~ 4 个亲子摄影。此时的阮藐藐还没有组建团队，联系客户、确认场地、拍摄、后期制作等全靠她。如此几个月，工作室逐步走上正轨，她也越来越忙，根本没有时间陪伴家人，尤其是女儿。她决定招聘助手。

招聘很费了一番功夫。招聘有从业经验的专业人士，可以很快上手，但工资是一笔不小的支出，且流动性大。几番面试，阮藐藐觉得既不稳定也不划算。为控制成本，保持团队的稳定，阮藐藐最终选择了四川外国语大学新闻传媒专业的学生。虽然专业素养有待提高，指导起来颇费时间和精力；但好在他们是抱着学习的态度来的，做事比较尽心尽力。慢慢地，阮藐藐的团队固定了下来，除了她，工作室现在有长期助理 3 ~ 4 人。

人多力量大，阮藐藐现在能够抽出更多的时间陪伴家人；她对工作室的发展方向进行了调整，使之更加多元化。经营过程中，阮藐藐发现，亲子照虽然火，但受到家长和孩子拍摄时间的限制，且受天气的影响大。一旦天公不作美，拍摄计划就要更改，一次拍摄可能要花费好几个周末；周一至周五则只能处理一些后期工作等，没有多少拍摄任务。企业要跟上市场需求才能生存发展。为此，阮藐藐带领团队研究市场，拓展业务，把个人证件照、艺术照、全家福、闺密照、毕业照、招生宣传照、大型会议照等都纳入工作室的业务范围。如此，周一到周五工作量亦很饱满。

镜头见证角色转换

女儿的出生是阮藐藐的人生新起点。当她把女儿抱在怀中，那一刻内心变得柔软。从孩子的点滴变化，她感受成长的奇妙与美好、感动与感慨。她开始不知不觉地用镜头记录关于生命与成长的温暖瞬间。

哺乳时，母亲低头凝望孩子的眼神；孩子小手抓住爸爸大手，父亲满眼的温柔与幸福；和父母嬉戏时，孩子调皮又放肆的快乐……这些日常不经意的细节，阮藐藐都用心地去捕捉去记录。这些画面，不仅感动了她自己，还感动了同为父母的客户。年轻的爸爸妈妈，看到与孩子真实自然的互动画面，常常眼眶湿润。阮藐藐一年一年地用镜头记录孩子的日常点滴，伴着孩子一起成长。

阮藐藐拍摄女儿

2018 年 4 月，她将摄影工作室迁到了四川外国语大学校内一个很清净的地方，取名“有一个照相馆”。这个看似平常的名字，却融入了阮藐藐全部心思和期许。不仅有独一无二的意思，还暗含“有两个照相馆、有三个、有四个……”美好的期望。

2018 年 4 月，“有一个照相馆”开业

阮藐藐的团队成员主要来自新闻传媒专业 2017 级学生。原本计划招募 2～3 名助理，结果却有四十多人报名，阮藐藐最后招募了 7 个助理。她一边教大家如何拍摄及后期制作，一边和他们商谈新的创意与想法。7 个助理轮班上岗，有的负责接待和裁剪照片，有的负责化妆，有的负责证件照拍摄。培训半年后，表现好的、进步快的可以负责后期制作。对于阮藐藐来说，摄影不必刻意遵循什么准则，反而需要打破规则的勇气。

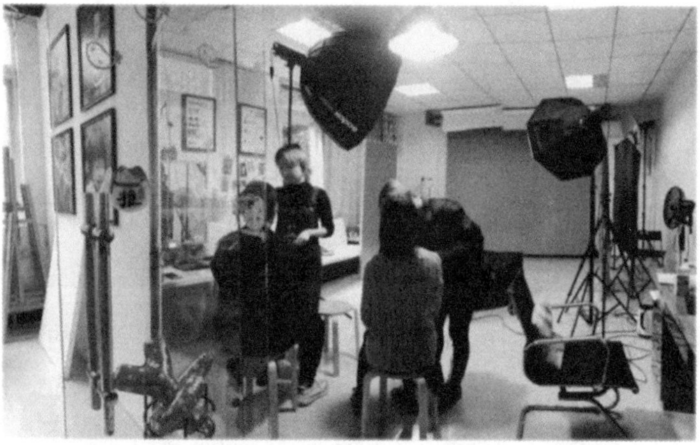

工作室助理在工作

镜头越来越精广

如今，阮藐藐的工作室业务多元，团队得力，“有一个照相馆”早已走上正轨。证件照平均每天要约拍 5～6 次，艺术照平均每周有10多单，只要有时间阮藐藐都会亲自跟拍外拍。业精于勤荒于嬉，阮藐藐在有限的空余时间，坚持学习：从更专业的角度分析大师的各种技巧与方法，如瞳孔反射、灯光、造型、拍摄角度、自然光线使用等。

阮藐藐并不满足于镜头的精准专业，更追求拍摄的创新与广度。她正思考将油画肖像照和古装照等业务开展起来。“有两个照相馆”“有三个照相馆”……不是梦想！

【导师点评】

1. 初心易得，难在坚守

创业的初心是什么？对于阮藐藐来说，是遵从兴趣发挥特长，兼顾家庭。为此，她辞去发展良好的工作，成立个人工作室。只为有更多机会进行拍摄，转变拍摄风格；空出更多时间陪伴家人。坚持学习，无私分享拍摄技巧和心得，只为让更多人得到乐趣。真正的创业者，必须有明确的创业初心，有坚定的创业信念。初心易得，只有如阮藐藐一样，坚守始终，方能成功。

2. 真诚待客，口碑相传

若问阮藐藐工作室蓬勃发展的原因，她肯定会说：“口碑。”口碑是什么？是刷人气？花大力气宣传？打折吸引眼球？当然不是。是服务，是产品。首先，环境是清新温馨的。阮藐藐工作室虽然小，但五脏俱全，各种道具服装设备，归置得井然有序，让人心生愉悦。其次，服务是亲切温暖的。小到冲洗一张底片、翻拍一张老照片这种几块钱的业务，大到全程跟拍大型专业会议，阮藐藐都一视同仁，认真对待。最后，产品质量是绝对在线的。无论是优雅的艺术照、温馨的亲子照还是得体的证件照，在阮藐藐的镜头下，你总能发现一个不一样的自己。这样的服务，这样的产品，自然拥有良好的口碑，进而成为其事业发展的不竭动力。

特立独行
——学政治就不能做设计吗

人物志

姓名：叶桥姗

入学年级：2013 级

入读院系：国际关系学院

就读专业：国际关系

创新项目

设计收银机的界面、公司网站和小程序等；外包业务有海报、视频、画册、红包。除此之外，运营公众号“叶设计的自习室”、微博 superyeah_ 098、线上教育等。

【创业故事】

明确梦想，走出迷茫

四川外国语大学国际关系专业的同学时常组建学习小组做课业专题研究，制作 PPT 展示研究成果，并在课堂上向同学们做陈述。叶桥姗所在的小组大家都不喜欢做 PPT，但她是个例外。叶桥姗非常喜欢通过 PPT，用有趣的图片、动画甚至音频去表达观点。大学期间、她几乎承包了小组所有的 PPT 制作任务；对 PPT 进行层次化设计，以艺术的形式展现内容。叶桥姗的制作技术在一次又一次练习中得到提高，而她对设计的兴趣也日益增加。后来叶桥姗在学校启航创业助学团队担任助理一职，负责团队的外宣工作，她索性自学了基础设计软件，如 Photoshop、Illustrator 等。探索新技能，叶桥姗乐此不疲。

大学三年级，经过反复思量，叶桥姗听从内心的声音，结合自己的兴趣爱好，坚定了成为一名设计师的决心。为了得到更专业的训练，她向辅导员石头姐和专业老师王德义老师说明了情况，并获得了肯定和支持。之后，叶桥姗就开始了白天学设计、晚上补功课的日子。通过自身努力以及舍友的热心帮助，叶桥姗不仅专业课成绩十分优秀，而且设计出了全国五星作品，取得了班级第一名。

工作中的叶桥姗

机遇从来是为有心人准备的，就像叶桥姗从热爱 PPT 制作，到自学软件，再到参加专业训练，直至认识四川外国语大学学生处的朱磊老师，并在 2017 年与之一起打造了一系列惊艳所有毕业生的毕业纪念活动。叶桥姗说：“回想大学时光，虽然和朱老师相识较晚，但对自己影响最大的老师，非朱老师莫属了。”

2017 年，正值毕业季，朱老师正愁着不能按时完成毕业纪念册的设计。那时，叶桥姗在一家互联网公司做视觉设计，机缘巧合接下了这个任务。第一次做纪念册，叶桥姗没有任何经验；为顺利完成任务，她全身心地投入到设计中。在和朱老师一起筹备毕业季活动时，她看到同学们留下的一张张合影、一句句真挚的表白，深切地感受到母校师生之间的情谊。

毕业之后，叶桥姗应朱老师邀请回母校做沙龙讲座，给学弟学妹做设计培训。课堂上，学弟学妹们反应热烈，现场气氛活跃。或许正是这些经历，让叶桥姗收获了满足感和成就感，她萌生了教师梦。现在的她已经是专业平台的签约讲师。

跨界发展，初露锋芒

学政治就不能做设计？叶桥姗大学所学专业是国际关系，刚上大学时内心很迷茫，对未来缺乏规划。大学二年级暑假，她参加了学校的实践实习活动。她开始思考“我想要的生活和工作是什么?”。人的一生，几乎有百分之九十的时光都是在工作和学习中度过。既然如此，工作必须得是自己真正喜欢的，且愿意一直做下去的。从小学过国画的叶桥姗有一个愿望：让生活变得更美好，如让杂乱无章的 PPT 变得清晰易读，把照片里的“路人”去除，送给家人一份精心定制的惊喜等。为了实现这些愿望，叶桥姗决心要成为一名设计师。

叶桥姗第一个设计是给一家店面设计 logo。对方采用比稿模式，在多个设计师方案中选一个，很荣幸她的设计被选中。虽然钱不多，还花了不少网费（学校电脑坏了，她只好去网吧做设计，同学们笑称她是网吧里的一股清流），但这对她来说意义非凡。她印象最深的是给上海一个小学生家长做视频纪念册。这位妈妈是通过“叶设计的自习室”微信公众号找到叶桥姗的。她看过叶桥姗写的《如何设计一本大家都喜爱的毕业纪念册》一文，认为叶桥姗头脑灵活，专业技术过硬。通过微信

叶桥姗给学员做单独辅导

沟通，彼此建立了信任，合作很愉快。这位妈妈反馈说孩子觉得叶桥姗做的视频很有趣，尤其是叶桥姗精心录制和制作的机器人声音。几个月后，这位妈妈又找到叶桥姗为孩子做了毕业纪念视频。

广州一家传媒公司的 CEO 兼设计总监，看过叶桥姗的作品集之后邀请她加入自己的公司。叶桥姗不想离开现在的公司，于是她成了叶桥姗的客户，经常把公司做不完的项目交给叶桥姗。叶桥姗因此得到了更多锻炼和提升的机会。

心怀梦想，苦中有乐

“宝剑锋从磨砺出，梅花香自苦寒来。”虽然叶桥姗在设计这一行算是半路出家，但她肯钻研，勤思考，善学习。毕业之后她一直就职于现在的公司，从初出茅庐到全面负责项目，摸爬滚打中各方面能力飞速提升。工作一年多后，华丽转身成为公司的首席设计。公司的主要自研产品是一款收银系统，在叶桥姗入职前，产品界面是由程序员搭建的，适用性低。对于B端产品的全新改版非常具有挑战性，要考虑的东西很多，重新设计非常受限。后来，叶桥姗发现蚂蚁金服团队推出的ant design后台组件库，简直像发现了宝藏。通过学习蚂蚁金服的设计规范，叶桥姗在设计及评审了N个版本之后终于确定了团队的设计语言，与前端密切配合完成了B端后台的整体更新。后台设计完毕，对应前端收银机界面的改版，接着便是官方网站、小程序等。万事开头难，一旦实现了从0到1的突破，接下来就是水到渠成的事了。

过硬的设计能力、高水平审美能力、优秀的沟通协作能力让叶桥姗受到公司重用，获得了施展才华的机会。

叶桥姗自述：

每次有人找我做设计，我都非常有成就感（因为可以靠自己的本事赚钱了）。不过最高兴的事是觉得自己有价值：去年跟老板及另一位同事一起出差，客户看见我还有一些担心，怀疑我能否胜任主设计工作。回来我整理好与客户的会议内容，梳理了产品架构，绘制了较为详细的原型图，把客户的商业模式和项目产品充分结合了起来。提供的报告和提案终被对方接受，得到了领导和客户的认可。

设计工作非常辛苦。最忙的时候，白天工作8小时，晚上还要熬夜做平面设计。因为平面设计非常注重视觉传达效果，而且见仁见智，需要不断改稿。她常常熬到凌晨两三点，有时候甚至不得不通宵。空闲之余，还要运营自己的公众号。整理思路、配图、修图到写作、排版，都是非常花时间的事情。别看一篇文章大家只用 10 分钟就读完了，往往是作者几个小时的劳动成果。但叶桥姗无怨无悔，不忘初心，认真对待每一件事。

持续成长，未来可期

除了首席设计师的工作，叶桥姗还通过公众号和微博，分享设计领域的一些知识。公众号“叶设计的自习室”的建立初衷是沉淀知识、总结经验、分享优秀文章。初入职场，叶桥姗为了更好地完成任务，每天都要学习新知识。一开始只是记录“自学手册”、软件教程、案例教程等，没想到分享到平台的文章得到不少设计师朋友的肯定，大家纷纷支持叶桥姗继续写。于是她坚持把“自习室”做了下来，还建立了自己的社群，与热爱设计的朋友一起交流沟通。叶桥姗每天都会分享设计灵感、资讯和资源等，和大家一起探讨设计问题，以便提升设计能力。

叶桥姗现在已经是知名设计美学博主，她的微博主要用来分享设计灵感。“审美”对于设计师来说非常重要，多看好的设计很有必要。优质的分享内容吸引了大量支持者。由于她经常回复网友提出的问题，在社群分享设计精品，很多支持者通过口碑慕名而来。

叶桥姗团队对刚接的任务进行研讨

线上教育主要以案例进行教学，适合于初级设计师或设计爱好者。叶桥姗平时比较喜欢研究软件功能，发现了不少冷门知识和实用技巧，这些对于零基础的同学非常有帮助。可提高工作效率，且有举一反三的效果。做讲师与日常的工作很不同，平时工作的沟通对象主要是产品经理和程序员，做的是用户界面类的东西；而叶桥姗的设计课程更适合于平面设计，做广告、文创等内容。

叶桥姗自述：

我平时会给自己设定短期目标和长期目标。目前的目标是在精进 UI 设计能力的基础上，不断提高视觉设计能力。我认为 UI 设计师的发展方向大约有两种：一种是视觉型；另一种是交互型。基础的交互能力和产品思维我已经掌握了，但因为非科班出身，视觉能力肯定比专业的同学差一大截。所以我要不断去弥补短板，早日实现自己的长期目标。

关于设计师个人的成长规划，我的建议是：首先确定一个长期目标，如你想进谷歌这样的超级企业，你就需要适应英文工作环境、学习国外流行的设计工具、提升谷歌要求的设计能力等。有了一个长期目标，自然会产生许多个小目标，再对小目标进行规划。如每天一个设计小练习，每天背多少个单词，练多少句口语等。我们还可以七天一总结，三十天一复盘，不断地做，不断地思考，及时发现问题、解决问题。这样，即使目标难以实现，至少我们也能不断成长。

叶桥姗希望三年内能成为高级设计师，对标阿里巴巴的P6级别；希望学到更多技能，熟悉互联网的商业模式，成为更有价值的人！

【导师点评】

1. 始于兴趣，勇于尝试

“根据需要充电，比起漫无目的地啃书本，更有针对性。”这句话值得所有正在求学的大学生深思。充分认识自己的优势，并且尽可能地把这种优势发挥开来，转变为一种生产力，这在创业过程中非常重要。

叶桥姗大学的专业是国际关系，与设计八竿子打不着。对于她来说，比较重要的阶段是大学三年级到四年级。这一时期叶桥姗开始思考未来职业规划问题，并努力实践。

很多同学因为大学选了一个不适合自己的专业，又没有什么兴趣爱好，往往会特别迷茫。叶桥姗也迷茫过，但她思考了一问题：什么工作是自己愿意一辈子去做的呢？作为一个非艺术专业的学生，她当时并不理解设计师岗位，只知道自己非常热爱做PPT，热爱所在创业团队的外宣工作。有句话说得好，“兴趣是最好的老师”。因为有兴趣，所以有自驱力。所以去学习、去发现，才能看清自己的内心。

2. 日积月累，万涓成河

古人云：“业精于勤，荒于嬉；行成于思，毁于随。”叶桥姗跨界做设计，一边努力学习，一边思考沉淀。有输入，才有输出；有走心的输入，才有漂亮的输出。叶桥姗从小就养成了“思考+整理”的习惯，喜欢用文字记录学习过程，于是建立了“叶设计的自习室”公众号和微博superyeah_ 098。繁忙的工作之余，为进一步发展自己，叶桥姗创建自媒体保留初学者之心；借助公众平台沉淀所学，同时为自己提供一个与更多设计师交流的机会。一开始仅记录“自学手册”、软件教程、案例教程等；后来她建立了社群，和热爱设计的同行一起分享与设计有关的前沿资讯，交流沟通探讨过程对促进自身成长大有裨益。

行之以歌
——投身音乐的独立音乐人

人物志

姓名：冯悬

入学年级：2009级

入读院系：法语意大利语系

就读专业：意大利语

创业项目

莫非定律（More Feel）音乐工作室致力于单曲和专辑制作，创作并演唱影视剧的OST。既拥有独立音乐人天马行空的想象力、温柔坚定的文艺气质，又拥有专业主流唱片音乐人扎实的制作功底和多样化演绎方式。

【创业故事】

如果没有音乐的学习，我将一无所成。

——爱因斯坦

热爱使然，冥冥注定

“这不是一个契机，不是某一天突然萌生的一个想法，而是长期积累与热爱的结果，是自然发生的。”冯悬这么形容自己对音乐道路的选择。

莫非定律的外拍照片

作为一名大学生，冯悬开始并没有明确的职业规划，只想着学好本专业。兴趣与热爱驱使她利用课外时间去研究音乐。在学校举办的各类文艺活动上几乎都可以看到她的身影，如校园之星、摄影形象大赛，校园歌手比赛，且都取得了不错名次。她美妙的歌声让人印象深刻，冯悬很快就闻名于法语系（现更名为法语意大利语系）。她曾被邀请参加学校法语专业成立 50 周年庆典。会上她甜美的歌声，娴熟的演唱技巧，赢得了师生们阵阵掌声。此后不久，冯悬和同届的几个同学成立了一个乐队，大家一起尽情享受音乐带来的喜悦与快乐。“我们有时晚自习之后去操场散步，一起唱歌，那是一种非常美妙的体验。”她如此回忆到。2011 年，大学三年级的冯悬，参加了四川外国语大学和意大利巴勒莫大学的留学交换项目。在交流项目快结束时，冯悬和一位同样对音乐无比热爱的意大利同学共同录制了一首歌曲，表达了对留学生活的怀念和对朋友的不舍。这首歌一经播出，立刻受到老师和同学们的推崇和喜爱，成为意大利语专业的老师给出国留学的学弟学妹饯行必点歌曲。大学毕业后，冯悬找了一份与意大利语专业相关的工作，但工作了一两年之后，她发现不是很适合自己。因为对音乐的热爱，她选择投身音乐。

蓦然回首，行之已远

“在青春期那段时间听的歌曲对我的影响是最大的。那时候可能刚开始接触音乐，虽没有乐理知识，但却能找到自己最喜欢的音乐。那时候，我听民谣和流行风格的歌曲比较多，所以这些音乐对我的影响比较大。”在一次上海爵士音乐节上，冯悬看了林忆莲的压轴演出，为她的人格魅力、舞台气场、演唱方式所折服。这是冯悬迄今为止印象最深的一场演出，深深地影响了她的音乐创作。

莫非定律深情演出

其实刚做音乐时并不坚定，需要慢慢走，慢慢看，在摸索与试错中前行。大学时冯悬主要是驻唱，没有想过创作，直到遇到丈夫欧阳。两人都怀揣音乐梦想，对音乐的共同热爱让他们碰撞出了许多创意，成立工作室便是一件水到渠成的事情了。冯悬和欧阳合作的第一首歌是《别说》，后来又做了《器灵Ⅱ》的片尾曲。2015 年初的一天，欧阳从曲库里找来了一首“遗珠”，让冯悬练习填词。那时冯悬还不懂得如何填词，纯粹依靠直觉和文学积累，很快写好了《别说》。

欧阳很满意，没做任何修改就采用了。这是一次奇妙的经历，美妙的爱情开始了。两个人做音乐已经很久了，特别是欧阳，已做了十多年。2015 年 7 月他们决定成立工作室，取名莫非定律（More Feel）。这样，既可以扩大业务范围，给艺人制作音乐；也可以独立进行乐团创作。“回头看，才发现已经在这个行业待这么久了，原来一直在做一件事。”对于创立工作室，他们进行了长时间思考。起初，冯悬与欧阳居住在成都，但做音乐还是北京更有前景，加上欧阳是北京人，所以他们面临着定居北京还是成都的抉择。成都的生活非常安逸，无论是饮食还是生活节奏都让冯悬难以决定。相比之下，北京各方面压力比较大。但在梦想的指引下，冯悬和丈夫还是决定回北京。尽管牺牲了很多，可是音乐这条路确实很不稳定、很难走。可这个时代又有什么是稳定的呢？冯悬觉得做自己喜欢的事情，就足够了。但是她也认同，很多事情都要做一个权衡，不能一条路走到黑。为了一个目标锲而不舍，这样的毅力不是每一个人都有。幸好冯悬和丈夫都是这样的人，身边的很多朋友也是这样的人；走一步看一步，摸着石头过河。给自己设定一个小目标，达到目标之后，再定一个稍远点目标。回头来看就会发现，原来我们已经走了很久了。再远的路都是这样一步一个脚印走过来的。

迷茫探索，感谢命运

冯悬的大学并非一帆风顺，大学三四年级时就曾陷入迷茫。但她十分幸运，遇见了许多良师益友。比如，意大利语专业的陈英老师，就为她提供了不少帮助，冯悬从陈英老师身上学到了除专业知识以外的很多东西。在意大利留学期间，她结识了一对意大利老爷爷老奶奶，直到现在还和他们保持邮件联系。这种缘分一直被冯悬记在心中，留学意大利的经历成为她创作的思想源泉之一。“在迷茫和遇到困难的时候，还是要接受长辈的指导，他们的人生经历会给你有益的启示。”

创业之初，家人并不支持，但是也没有特别反对。当时她在成都已经全职做音乐了，因为从小就比较独立，她也没有和家里人说，她觉得自己可以处理好这些事情。等妈妈发现，她已经做了很久了。妈妈不放心，劝她找一份稳定的工作，如公务员之类的。冯悬虽然嘴上答应了，但并没有照做。后来冯悬在音乐上越做越好，家里人看她可以把自己照顾得很好，也就不再为她担心了。

冯悬自述：

最累是写歌词。创作是一个掏空自己的过程。真正写歌词可能就半个小时、一个小时，但是可能要花四个小时查资料、做功课、写初稿、找参照，确定背景主题。没有前面的铺垫，

莫非定律宣传图片

不会写出好的作品。有时回头去看自己写的歌词，有那么一两句我会惊讶到。“这真是我写的吗?”，算是一点自恋吧。

今年他们的目标是出一张自己的专辑，但是按照目前这个进度，可能很难。需要制作的歌曲太多了，所以耽误了专辑的事情。说到这里她难免有一点失落。不过很快就要实现上音乐节演出的梦想了。莫非定律在 LIVE HOUSE 已经演出了很多场，是时候该找一个更大的舞台了。

莫非定律（Moore Feel）创立以来，冯悬和欧阳已成为主流领域炙手可热的制作人。他们为荣获 2018 年度最具艺术影响力的电视剧《你好，旧时光》插曲作词作曲，同时是胡夏专辑主打歌《念》等歌曲的幕后制作人。谈到工作室为什么取名为莫非定律，冯悬解释道，墨菲定律是一个心理学效应。根据墨菲定律，如果你对一件事有不好的预感，那么这件不好的事情一定会发生。他们在 logo 上设计一条杠表示一种否定概念，引申一下就是对墨菲定律的不认同。或者说由于有不好的预感，觉得会有不好的事情发生，反而会把事情做得更好。冯悬认为，同样的事不同的人可以有不同的解读，没必要搞得很清楚。很多事像小葱拌豆腐那样一清二白反而会失去美感。

冯悬说截至目前她还没有创作一首自己满意的歌曲，她还在学习的路上。她希望可以为自己多留一些创作空间，自由发挥。她正在摸索与经历中学习体会音乐人生。

音乐会中的莫非定律

冯悬表示会考虑合适的节目，但不会以个人形式，一定是以莫非定律这个乐团。因为适合的综艺节目不多，而且很多节目需要签约，实际意义不大，反而会受限制。冯悬深知关键还是把作品做好，作品是第一位的；相比之下，上节目、聚人气是次要的。有了好的作品自然不愁，所谓“酒香不怕巷子深”。

期待冯悬在音乐的道路上走得更远，把音乐带进每个人的心田。

【导师点评】

1. 兴趣与特长是创业的最佳搭档

想法可以天马行空，但真正要落到实处，则需要有清醒的认知和判断。在互联网最热的时候，冯悬没有选择互联网，而是选择了自己热爱的音乐。虽然不是科班出身，但冯悬凭借对音乐的无限热爱和执着信念，成就了现在的她。没有经过专业训练，完全“野路子”的冯悬反倒保留了几许音乐天性和纯真。可以说，兴趣与特长帮了她的忙。

2. 携手志同道合者，奔跑在理想的路上

携手志同道合者，奔跑在理想的路上。回头有一路故事，低头有坚定的脚步，抬头是清晰的远方。热爱音乐的冯悬机缘巧合认识了热爱音乐的欧阳，一位职业音乐制作人，主要从事作曲、编曲和音乐制作。虽然俩人都没有接受过专业训练，但同为音乐追梦人，配合默契。他们的相遇，不仅诞生了一个优秀的音乐团队，还成就了一份美好的姻缘，举案齐眉，琴瑟和鸣。冯悬和欧阳都很认真，愿意花心血做一件事情，且要做到最好。音乐让他们拥有丰厚的灵魂。虽然莫非定律已小有名气，但他们依然非常谦虚，把自己当作小学生，努力学习新的东西。通过主动、持续的学习积累，他们一步一步，臻于完美。

想了解冯悬及其音乐，可通过网易云音乐App搜索“莫非定律（More Feel）”。

动若脱兔
——高校女性街头潮流文化探路者

人物

姓名：刘诗琪、刘奥敏

入学年级：2016 级

入读院系：新闻传播学院

就读专业：广告学

创业项目

重庆兔丸文化传播有限公司，拥有 XE 高校女性街头潮流文化品牌，围绕 XE 品牌，结合滑板、街舞等街头潮流文化，打造高校街头潮流文化平台。

【创业故事】

XE 品牌的前世

在推出 XE 品牌之前，刘诗琪和朋友赵晓雯忙于把赵晓雯的个人自媒体公众号“氙姐的篮球世界”（曾用名火箭球迷日记）打造得更好。这时，刘诗琪又结识好友刘奥敏，自此三人一起合作。“氙姐的篮球世界”公众号拥有“粉丝”达 9000 人，日均阅读量 2000 人次，公众号 5 个“粉丝”交流群，总人数达 1400 人；微博“粉丝”2. 6 万。“氙姐的篮球世界”运营者拥有个人知识产权（IP），是今日头条的签约作者，曾在北京腾讯美国男子职业篮球联赛（NBA）总部实习，有一定行业人脉资源，公众号在篮球领域具有一定知名度，拥有很多相关资源；同时，她们建立了自己的微店。在接下来的时间里，

项目产品图 1

刘诗琪和刘奥敏通过品牌价格营销、网点和渠道布局、内部整合沟通、外部展示推广有效扩大了公众号的影响。

在此期间，刘诗琪和刘奥敏曾一周之内为公众号涨了3000多粉丝。她们将专业理论知识运用到实际操作之中，虽碰了很多壁但也积累了不少经验，XE品牌雏形基本形成。与“氤姐的篮球世界”公众号合作结束后，XE品牌在刘诗琪和刘奥敏的努力培育下其理念及受众目标逐步明朗，为XE品牌走向专业化奠定了基础。

千辛万苦也不放弃

推出一个品牌不是那么简单，尤其对于刘诗琪、刘奥敏来说。父母的不理解、朋友的质疑以及创业中遇到的各种困难，都可能是压死骆驼的最后一根稻草。为了坚持做下去，腾出更多时间和精力去应对，两人选择暂时休学。好在通过反复沟通，她们最终获得了父母的支持。总之，选择创业就要做好应对各种困难的思想准备。

目标定位、品牌理念、设计风格确立等都经过反复研究推敲，有时候一个小细节需要她们花费几个小时。创业是一环扣一环，当品牌理念初立，就要不断往里面填充各种要素细节。XE最终敲定目标受众为高校女大学生，XE鼓励女性打破既有规则，不受常规束缚，勇于表达自己的想法。

项目产品图 2

困难总是很多，作为一个初创团队，寻找合适的团队成员非常重要。首先需要与联合创始人的目标及理念一致，以便磨合并融入团队。寻找团队成员不仅需要考虑团队成员的能力，还要平衡团队成员的性格。经过几个月甄选，团队成员最终定为刘诗琪、刘奥敏、黄雨婷、龙袆雯、孙逸凡五个人。工作中大家虽有些小摩擦，但都能沟通解决。

对于资金匮乏的初创企业来说更容易出现资金问题。XE的资本金都来自个人投资，为此，团队在使用资金时细致地将每一笔钱花到实处，尽可能利益最大化。

人手不足意味着每个人必须身兼多职且不能有怨言，更加自律，及时完成工作。创业对她们产生的影响显而易见，不仅表现在能力上，还体现在心境上。

初出茅庐的刘诗琪和刘奥敏，手里并没有多少资源，只能依靠团队自己努力创立品牌的“资源库”。创立 XE 品牌过程中，团队成员遭遇过各种困难挫折，但创业不相信眼泪。

项目产品图 3

刘诗琪和刘奥敏作为 XE 品牌的联合创始人，有相似观念并对街头文化有深入理解。从小刘诗琪就对时尚潮流很感兴趣，一直以来，就有一个梦想——创立自己的品牌；刘奥敏亦是如此。对街头文化的共同热爱是促使她们一起创业的根本原因。

项目路演

2015 年入学后，刘诗琪和刘奥敏在各类专业比赛以及专业课上多次合作，彼此对对方的专业能力很了解，很熟悉。共同创业后，两人进行了明确分工。高度默契让她们能够合理安排工作计划，从而使各项工作有条不紊地开展。

作为新生代，她们不想按部就班，梦想创造属于自己的品牌，这或许是她们骨子里的“叛逆”因子在发挥作用。创业过程中的艰难只有自己知道，但她们并不是为了创业而创业。追求自由，做自己想做的事，再多阻力也不必在意。

XE 品牌已小有名气

在做项目调查时，刘诗琪团队发现潮流文化中男性仍占据主导地位。目前大多数潮流文化品牌主要针对男性，专为女性服务的品牌少之又少，为高校女性打造的品牌更是没有。刘诗琪团队决定另辟蹊径创立一个专属于高校女性的潮流文化品牌。这不仅是商业行为，更是团队传递女性力量的共同声音。通过团队的努力，凭借街头潮流文化大胆表现自己，保持自我精神气质。不管未来做什么工作，从事什么职业，务必不要失去自我。

项目帮扶协议

XE是结合时下年轻人喜爱的街头潮流文化，专为高校女性打造的街头潮流文化品牌。通过定制女性潮流服饰以及举行各种高校女性街头潮流文化活动（街舞、滑板等），为大学女生提供互动交流机会；帮助其结交志同道合的朋友，鼓励其争做街头潮流文化圈子的意见领袖。

XE的产品从生活的方方面面去挖掘元素，作为设计素材，融入创作之中。融合不同的价值观念，赋予品牌之精神灵魂。

让穿在身上的衣服不仅是衣服，而且可以彰显高校女性的人生态度。XE品牌服饰每款以限量版发售，创造稀缺感，充分体现高校女性独特的个性品位。

广告专业班上的“差学生”

同刘诗琪和刘奥敏打过交道的人都知道俩人思维敏捷，头脑灵活，眼界开阔。可她们却自谦是班上的“差学生”。

刘诗琪自述：

我的专业成绩不好，但我是一个坚持自我的人，会坚定不移地做自己想做的事情。记得刚入学时，我就确立了自己的理想目标：创立一个品牌，这是我一直以来的梦想。从大学一年级开始，我就非常清楚未来要做什么。对我来说，学习广告是为了创立品牌这个目标服务的。我不擅长读书，也不愿意读死书，我想把设计作为未来的职业。我很感激广告学这个专业给了我这个机会；同时感激广告学专业的老师对我的包容和帮助，让我可以把专业和理想结合起来。

刘奥敏自述：

我是一个很随性的人，朋友都说我很“佛系”。很多时候，我就是一时兴起，想到就做，并不在乎结果。在创立这个品牌之前，我很少为一件事坚持这么长时间。因为对XE品牌充满信心，所以愿意花时间去完善它。在品牌发展大方向正确的前提下，只管努力向前冲了，结果如何就交给天意吧。不打无准备的仗是对自己和团队最基本的尊重。之所以愿意花费心血创立一个品牌，除了我热爱自由，不想被常规工作束缚之外，更多的是我本身就是街头文化的拥护者。我热爱滑板，也很欣赏这群有信念的同龄人，乐意跟这些有同样想法的人打交道。在许多人眼里，也许他们就代表着“叛逆”本身；于我而言，反而很敬佩他们，他们的精神世界很丰富。创业本身是一次很艰苦的旅程，所以更要做自己喜欢的事。我很庆幸学了广告学，它使我养成了发现细节、勤于思考的习惯，这有利于我在创业过程中灵活运用知识。广告学本身就是“杂学”，这决定了它具有很强的包容性，包容我们这种“不务正业”的学生。很庆幸可以在专业里尽情释放内在的“叛逆”，并把“叛逆”变成一种优势。

2019 年 6 月，刘诗琪和刘奥敏带着她们的创业项目——重庆兔丸文化传播有限公司（XE 高校女性潮流文化品牌）参加了重庆市第四届大学生创新创业成果展洽会，当场与相关单位签署了项目帮扶协议。创业项目将会得到更多资源和专业指导，项目进入快速发展通道。

【导师点评】

1. 街头文化有多大?

对于街头文化，普通人的印象可能就是“酷”“潮”，多数人对它并没有太多了解。其实任何艺术门类都可以成为街头文化的内容，如滑板、街舞、说唱、小轮车、涂鸦以及文身等。这个看似小众的领域，却拥有核心玩家2000万人，泛文化市场规模在1.5亿人左右。据调查，90%的音乐节受众人群都是街头文化玩家。街头文化的兴起和公众人物不无关系，美国嘻哈明星Rihanna、Kanye West等经常穿着有着街头文化元素的时装出现在各种街拍中。为了满足这部分人群的消费需求，不断有各类时尚品牌出现，甚至一些奢侈大品牌也推出了与之合作的项目。例如，在2017年的巴黎时装周上，LV和Supreme——一个结合滑板、Hip-hop等文化并以滑板为主的美国街头服饰品牌合作推出了成品衣，同时推出钥匙链、手机壳、滑板、帽子、围巾和手袋等系列单品。

2. 发展中的中国街头文化

目前，中国街头文化呈现迅猛的发展势头，滑板、街舞、Hip-hop都渐趋成熟，部分项目在国际赛事上取得了非常好的名次。但是国内的街头文化与服饰品牌存在断层问题，本土的产品仍处于起步阶段。

近两年，国内出现一些街头文化创业公司，如太嘻哈、久嬴龙池等，基本上都是依靠社群组织赛事活动，创立自有品牌。而像不可抗力（Act of God，AOG）这样的品牌，则通过与设计师、建筑师、涂鸦人及当代画家合作，生产具有独特风格的服饰、玩具、装饰画等。也有像Stary这样的滑板公司，制作电动滑板这种有趣的智能产品。

3. 现存的问题

用户习惯：目前，街头文化除了通过传统的电商模式变现之外，用户的内容付费习惯还没有养成。

目标群体分级："小白玩家"没有很好的途径去接触"达人玩家"，阶层分化明显。如何将"小白玩家"和"达人玩家"之间的沟通渠道打通？如何通过"达人玩家"推出更有市场的产品，提供更有价值的服务？这是未来街头文化领域创业者需要思考的问题。在"圈粉"过程中，如何把握好节奏和时机也是亚文化领域的创业公司需要认真思考的问题。对于很多圈内核心玩家来说，大量低层次玩家的涌入会给资深玩家带来不适感，反而会造成资深用户快速逃离的尴尬情形。例如，曾经以弹幕文化著称的B站，因为有趣、高质量的弹幕而"圈粉"无数。然而随着越来越多用户的涌入，B站上出现了一些"键盘侠"，引战的弹幕多了起来。面对这样的尴尬现状，很多B站"资深粉"叹息，净化弹幕任重而道远。

街头文化领域同样存在类似问题，如何合理培养"小白用户"是个重要课题。

4. 小众文化的发展

事实上，随着生活水平的提高及网络技术的发展，街头文化、二次元、偶像经济、汉服、Lolita等小众圈子都“不再小众”。人们越来越包容，年轻用户则更加追求“个性”，这时候“小众文化圈”反倒成了一个充满机遇的市场。

遇见自己
——让梦想照进现实的创业修行

人物志

姓名：杨奕佳、艾越

入学年级：2012 级

入读院系：国际商学院

就读专业：人力资源管理

创业项目

南来北往民宿项目，在重庆主城不同区域同时经营九家风格不一、主题多样的民宿店，针对新青年旅游群体，提供个性、舒适、安全的住宿服务。

【创业故事】

源于热爱，始于梦想

对很多创业者来说，创业是基于专业兴趣、职业发展，抑或发现了新的人生发展方向；但对于杨奕佳和艾越来说，创业则是选择一种自己想要的生活方式，不仅是工作，还是生活。她们要在创业中尝试理想的生活方式，实践自己的人生哲学，并传递出去。

艾越在民宿查验水电装修

杨奕佳和艾越是同班同学，关系要好，都很喜欢旅行。大学期间，俩人常常利用假期外出旅游。大学四年级下学期，已经找好了工作的她们决定一起进行一次毕业旅行。她们在网络上看到大理一家民宿招义工，这是一种新式灵活的用工形式。义工没有薪酬，但是包吃包住；聘用周期不长，空闲时间较多且可自行安排。俩人心动不已，随即奔赴大理。

一个月的义工生活，对于俩人来说，既是一份体验，也是一次不用赶期的旅行。她们在客栈帮忙接送客人、打扫客房、养花种草，工作简单充实。她们结识了许多游客，并且和其中很多人成了朋友。空闲时间，她们尽情欣赏大理的山山水水；遛狗、写论文、看日出日落成了她们的日常。这里的生活节奏和工作方式，让杨奕佳和艾越萌生了开民宿店的想法。

南来北往民宿实景 1

说起三年前的这次旅行，杨奕佳仍然难掩兴奋："我们以前爱旅行，但更多的是消遣，从没有认真想过旅游的真正意义。可以说我们从这里开始起步。”一个月里，她们见识了不同类型的民宿客栈，结识了许多游客朋友，对民宿及其所代表的新型旅行方式有了深入了解，对未来有了新的设想。

回归现实，稳扎稳打

毕业之后，杨奕佳入职重庆当地一家语言培训公司，艾越去了浙江海宁。虽分隔两地，俩人却经常联系，讨论如何开客栈、民宿。

南来北往民宿实景 2

当下，重庆的旅游业高速发展，节假日、周末、寒暑假旅游市场需求旺盛，各项指标指向良好，旅游市场异常火爆。重庆文旅产业的兴起，一定程度上刺激了旅游住宿行业的发展。游客越来越倾向于选择民宿。不过和同属于西南的丽江、大理、昆明、成都等旅游热门城市相比，重庆的民宿行业还不够成熟，民宿产业总量、多样性、入住体验、文化属性及精品民宿建设都不能满足市场的要求。当然，这从另一个层面也反映了重庆民宿产业巨大的发展潜力。

2017 年 5 月，艾越回到重庆，和杨奕佳共同开启她们的民宿事业。经过四个月的前期调研和筹备，9 月，她们的第一家民宿客栈开业。同年 12 月，杨奕佳和艾越马不停蹄地筹备开设了第二家店。

南来北往民宿实景 3

由于启动资金有限，她们决定稳扎稳打。大理之行后，尽管对民宿的构建有这样那样的设想，但她们最终还是结合市场，回归实际。重庆主城旅游资源大多集中在市中心，旅游公司主推都市景观游，游客也多集中在市中心。因此，她们第一家民宿店定位于舒适方便、小而精巧，重点放在基本需求上。

第一家民宿店命名简居，位于重庆江北黄泥磅区域，观音桥商业中心附近，前往高铁站、机场都很便捷。由于装修工期紧，主体改动不大，杨奕佳和艾越将更多精力放在软装上。虽然高层户型无法承载她们对民宿的愿景，但是在细节上，却处处体现出她们做民宿的初衷和决心——给来重庆的客人提供一个简单、干净且舒适的居住环境。这家极简北欧风格的民宿，每一样陈设和用具都是她们精挑细选的，回头客占了很大比例。

南来北往民宿实景 4

被她们命名为“南来北往”的第二家民宿店，突破了第一家店单一化的定位，注入青旅文化，提出了微青旅民宿概念，客源主要是大学生等青年游客。除了保持舒适的居住环境外，她们在客厅等公共区域设置了共享、分享、交流空间；让入住的客人在温馨自由的环境中交流彼此的旅游经历，分享不同文化。杨奕佳长期住在这里，站在朋友的角度，以一个地道的重庆人身份向远道而来的客人介绍重庆的人文风情，并适时组织火锅聚餐等交友活动，从而形成了友善包容的青旅文化氛围。

这家民宿店位于解放碑，青年民宿的定位与解放碑其他民宿差异化明显，性价比较高，开业后入住率一直不错。

是机遇，也是挑战

2018 年 4 月，杨奕佳和艾越开始在解放碑附近筹备开设第三家民宿店。由于要同时进行前两家民宿店的运营维护和新店的开业事宜，时间精力有限，俩人便同时辞了工作，全身心投入民宿经营。说起这些，杨奕佳和艾越笑了笑："以前的同学、朋友都很难相信，我们那么长时间是在职状态。那个时候基本上没休息时间，白天上班，晚上、周末开工，熬了快一年才辞职。"其中的辛苦远不止于此，房源选址、租金谈判、房屋装修、设施配套、水电物管、维修保养，还有房源上线、推广、接单等都需要俩人亲力亲为。为了降低成本，两个对装修一窍不通的女孩甚至自己动手刷墙、砸墙、贴墙纸。

辞职后，有了时间精力，俩人决定在第三家民宿店尝试新的风格。装修设计上更加大胆，融入更多想法创意。房间变得更大、更通透，墙面刷成了粉色，布置了更多鲜花绿植，整个民宿温馨生动，非常受女孩子喜欢。

这一年，重庆魔幻的 3D 立体地形、小吃、火锅、夜景等在抖音、微博等网络媒体上十分火爆，游客蜂拥而至。"五一"小长假，吸引了 1735 万人次来渝旅游，洪崖洞、千厮门大桥、

杨奕佳和艾越在布置民宿客厅

长江索道受到游客热捧。国内最大在线旅游网——携程网的大数据显示，重庆旅游热度跃升全国第三，仅次于北京和上海。

重庆旅游业搭上了网红经济的东风，加上较低的准入门槛，几个月内重庆民宿数量激增。途家数据显示，2017 年底，重庆民宿只有 5000 家，到 2018 年底，超过 3.3 万家，增长了 6 倍多。

短短半年，重庆一套地段佳、风景好的房源租金涨幅达 260%。因为租金成本上涨、同质化严重，行业进入洗牌期。对于杨奕佳和艾越来说，既是机遇，也是挑战。她们第一家民宿店“简居”遭受冲击，入住率越来越不理想。另外两家位于解放碑的民宿店虽然生意尚好，但是竞争日趋激烈。景观资源好、装修标准高的民宿越来越多。

在这样的市场环境下，杨奕佳和艾越果断关闭了第一家民宿店，把主要精力放在现有的两家店上，同时寻找新的民宿项目。她们在房间中置放重庆特产货架，给周边餐饮店做广告，与重庆旅游票务供应商（门票、船票等）合作。由于热点区域租金上涨，房源紧张，她们将目光投向重庆大学城。大学城内房源多，租金不高，又有四川美术学院、重庆大学等校园旅游资源。既有稳定的客源，又契合青年民宿定位。很快，她们在大学城开设了第三家民宿店，有了新的盈利点。

小有所成，静待蜕变

杨奕佳和艾越很清楚，“网红经济”带来了热度效应只是暂时的。当市场热度退去，才是民宿业最艰难的时刻。但是不论外在环境如何，她们仍坚信民宿业还是一个有发展空间的行业，个性化、品质化、美学体验好、文化属性强的民宿产品一定会屹立于市场。

闲暇之时，俩人特意前往重庆南山、缙云山知名品牌民宿进行实地调研考察；同时，深入浙江莫干山、广东罗浮山等发展得比较好的艺术民宿。通过实地调查发现，营造高水平艺术空间，打造生活美学艺术民宿，选址、房屋建设、园林设计、装修、器具选择等每一个环节都需要高昂的投入，开发难度不亚于星级酒店。对于杨奕佳和艾越来说，眼前她们还无法承受。虽然离梦想还有距离，但打造精品艺术民宿始终是她们的目标。

杨奕佳自己动手改造房屋装置

现阶段，俩人将名下分布于不同区域的民宿店进行品牌整合，统一命名“南来北往”。服务上尽量完善民宿的功能需求，保证高标准的卫生、环境和安全规格，进一步提升居住舒适感，确立统一的品质标准。定位上进一步凸显民宿特色，除强调交友、互动等青旅因素外，大学城民宿致力探索摄影、电影等主题。

由于定位精准，居住品质有保证，规划明确，“南来北往”开始受到投资人关注。杨奕佳和艾越适时引入资本，陆续在大学城开设 7 家设计风格不一的公寓民宿店。由于标准统一，虽然数量多，但运行平稳。截至 2019 年 6 月，俩人在重庆主城共运行 9 家民宿店，实行连锁运营，“南来北往”品牌效应逐渐凸显。当然，这远远不是终点，“南来北往”才刚刚开始。接下来，她们将放慢开店节奏，在现有基础上强化精细管理与品质把控，进一步提升“南来北往”的品牌价值。她们希望能引入更多的资本进驻，提档进入高端艺术民宿领域。

关于未来，杨奕佳和艾越有太多设想；关于创业，她们却沉着冷静、脚踏实地。创业源于梦想，只有勇于探索和不断创新，才能成就梦想。

【导师点评】

1. 让梦想成为创业的动力之源

很多大学生对未来充满诗情画意的想象，不屑朝九晚五和循规蹈矩的职业常态，希冀自由自在的工作和生活，文创行业不失为承载这种理想的一个重要载体。但是美好的人生构想往往遭遇现实的困境，创业不仅有花团锦簇，更有荆棘挫折，光有想法远远不够。要像杨奕佳和艾越一样，让梦想具有照进现实的具体行动和可期的目标，让梦想成为创业的动力之源。

2. 以坚定和韧性直面创业中的障碍和挫折

民宿业看起来充满诗意，真正投身其中，才能体会其中的艰难和压力，跟其他行业并无二致。开设民宿店，跟开一家酒店类似，选址、租金、装修、设施配套、水电物管、维修保养要面面俱到，还要面对推广、成本回收等问题。对于杨奕佳和艾越来说，这些都是陌生的。一路走来，有很多焦灼和无奈，两个女生靠韧劲熬过了那段艰难岁月，最终收获满满。创业是从无到有的过程，荆棘和羁绊不可避免，创业者必须勇敢直面。

勤修笃实
——设计专长让婚礼诗意落地

人物志

姓名：周欣

入学年级：2010 级

入读院系：新闻传播学院

就读专业：新闻学

创业项目

成立花舍文化传播有限公司，提供婚礼、宝宝宴、定制派对、企业文化活动等庆典宴会设计与策划服务。

【创业故事】

大学毕业工作三年，周欣开始创业。不到一年半，周欣就取得了不错的业绩。个人工作室（主营业务为婚礼设计与策划），已在宁波婚庆策划市场站稳了脚跟，有了良好口碑，业务不断拓展延伸。由于业务量的增加与良好的发展前景，周欣近期忙于增加人手，扩大经营规模。

周欣户外婚礼设计作品 1

谈及创业收获，周欣爽朗地笑道："其实从上大学甚至到毕业工作，很长一段时间我都没有创业的想法。走到现在，一切都是顺其自然的事情。"但是与周欣深入沟通后，就会发现看似一帆风顺的创业之路，实则是其辛勤付出与努力奋斗的自然结果。她一直勤勉耕耘，静待事业开花结果。人生的各个时间段都没有虚度，关键时刻她总能做出最优的选择。

将兴趣修炼成专长

大学周欣学的是新闻学，学校开设有设计类课程。虽然不是本专业主干课程，但她在这方面有兴趣。随后，周欣利用课余时间主攻设计。通过坚持和努力，她终把兴趣变成了一技之长。

周欣户外婚礼设计作品2

平面设计人员需要熟练运用各类设计软件，对于文科出身电脑技能弱的周欣来说，这是一个极其难熬的过程。但她没有浅尝辄止，周欣课后花费大量时间精力学习软件技术，把兴趣爱好转化为实际行动。平面设计工作是一个主观认定性强的创意工作，除了需掌握基本技能外，还需要有较高的审美品位和文学素养。可以说，设计过程是一个不断自我提升、自我进修的过程。对于这些，周欣从没有放松，她结合专业所学，不断拓展自己的知识边界；广泛涉猎艺术学、文学等学科知识，增强文字和审美敏感度，激发丰富设计灵感。

与此同时，周欣将对设计的热爱投注于实践，在工作中提升工作能力。大学一年级周欣进入院学生会宣传部，负责院系活动宣传资料的设计。由于业务技能突出，责任感强，大学二年级时，她荣升为宣传部部长。在这个过程中，她的工作能力得到广泛认可。大学三年级时，她被推荐到四川外国语大学毕业纪念册设计团队，并很快成为核心成员，连续负责两届毕业生纪念册的设计工作。

周欣室内婚礼设计案例实景 1

这些工作，虽然只是学业活动的一部分，但让周欣对平面设计工作越来越得心应手，且使她养成了踏实认真的工作态度。设计工作工期紧，需求多变，常常有一改再改的情况，承受的压力非常大。面对这些，周欣早已习以为常，交到她手里的工作，她从不敷衍，总是全力以赴。让别人倍感压力的工作在周欣看来，只是去设计一个让自己满意也让别人喜欢的作品而已。正因如此，周欣真正把兴趣变成了专长，变成了责任。这坚定了她将这项爱好深入下去，并确定为职业发展方向的决心。

准确定位，内外兼修

大学四年级那年，周欣被老师推荐到重庆蔡上工作室实习。这家工作室是重庆婚礼策划行业的翘楚，周欣在工作室主要负责婚礼艺术设计方面的辅助工作。进入婚庆行业，虽然不是周欣的主动选择，但是蔡上工作室的实习经历，为她打开了另一扇大门。工作室创始人之前是婚宴主持人，因为看好婚礼设计策划市场，便创业转型做婚庆设计和策划。通过几年发展，蔡上工作室已成为重庆高端婚礼定制策划的代表品牌。

在这里，周欣发现婚庆设计策划一般以小而精的工作室为主，对资金、人力要求并不高。她开始有了扎根婚庆业的念头，并萌发了自己是不是也可以拥有一家婚礼设计工作室的想法。在这种想法驱动下，周欣开始审视自己的设计特长，思考未来的职业规划。于是，她更加认真对待实习工作，积极学习行业知识，努力夯力设计功底，拓展设计思维；同时，周欣密切关注婚庆市场动态，分析婚庆设计发展潮流。

大学毕业后，周欣回到老家宁波。选择回宁波发展，不仅是家庭原因，也是因为周欣非常看好宁波婚庆市场前景。作为宁波人，她非常了解当地人的消费习惯。越来越多的年轻人希望举办一场真正属于自己的特色婚礼。传统模式化、流程化套餐型婚庆设计已经无法满足市场变化，量身定制式独家婚礼设计与策划越来越受欢迎。

周欣室内婚礼设计案例实景 2

刚毕业，在各方面资源有限的情况下，初回宁波的周欣没有立刻选择创业，而是入职当地一家婚庆策划公司。这家公司正处于成长期，在宁波婚庆业有着较高的知名度，客户资源充沛。

在与客户接触中，周欣逐渐领会艺术设计是定制婚礼的核心所在。国内婚庆业兴起时间不长，在艺术方面并未形成自身风格，更多依赖设计者个人的艺术修养和设计能力。鉴于此，周欣努力提升自身的专业技能，并从绘画、建筑、雕塑、文学、电影中获取灵感，将源于艺术的抽象概念用设计语言予以呈现。很快周欣成为公司独当一面的设计师，拥有了良好的客户口碑，积累了不少客户资源。这个时候，周欣觉得可以实施自己的创业计划了。

潜心积累，厚积薄发

2017 年 7 月，工作了近三年的周欣和公司一名主导婚礼策划创意的同事，共同成立了 Hana Wedding 花舍婚礼工作室，主要提供定制婚礼设计与策划服务。

相较于其他规模大、业务范围广的婚庆公司，周欣将工作室的定位于为新人提供好玩、新鲜、个性化的婚礼创意，突出婚礼美而小众。

一些新人对婚礼有很多想法，但却不知道从哪开始，该做什么准备？这让很多新人幸福感降低，甚至出现争吵。设计师要做的是帮助新人整理思绪，根据其要求把零碎的想法构筑成完整的婚礼框架。但周欣很清醒，如果一味地强调婚礼定制的梦幻属性，营造盛大婚礼场景，对于她这样刚起步的小工作室，无疑很难。因此，她特别关注婚礼中的关键细节，营造婚礼的艺术氛围，让每一场婚礼都变得独特而有印记。

几年的从业经历告诉她，一个好的婚礼设计策划，一定要替客户统筹考虑，用有限的预算做出超预期的效果；灵活应对

周欣室内婚礼设计案例实景 3

各种突发情况，确保婚礼现场零失误。周欣做设计，注重与客户深度沟通交流，快速了解新人的喜好需求，鼓励新人自由发挥。通过倾听，获取关键信息，充分了解新人的成长、经历和爱情故事；从其生活背景处挖掘、整理、归纳一个属于他们的主题，围绕主题展开婚礼各个环节的设计。设计的关键节点可能是新人共同喜欢的一首歌、一部电影、一个礼物，也可能只是一句话。这使她设计的婚礼非常有个性，贴合年轻人的审美需求。

准确的定位使创业资金、人力成本降到最低，加上不错的口碑和稳定的客源，周欣的工作室很快就走上了正轨。一些老客户除了介绍新的客源之外，还常询问除了婚礼外，他们有没有宝宝宴、生日宴、企业文化活动等庆典设计策划服务。周欣和合伙人商量之后，觉得可以开展，随即将工作室升级为花舍文化传播有限公司，开始拓展公司业务范围。同时，强化主营业务婚礼策划“少而精”的特色，着重服务的专业化和品质保证。

现在公司发展顺利，周欣开始强化新聘设计人员管理培训工作。设计始终是行业的灵魂核心，培训新员工虽劳心劳力，但周欣内心却是充实而笃定的。

周欣在布置婚礼现场

回过头来看，周欣不过是一个大学毕业才几年的普通女生，没有显赫的家世，也没有独特的资源。创业至今，虽然辛苦，却小有所成，未来也大有可期。说到创业经验，她觉得是兴趣和坚持。她说："我不是为了创业而创业，创业只不过是我坚持设计这个兴趣，顶住压力自然而然做出的选择。很辛苦，通宵熬夜是常有的事。但是想想这是自己喜欢做的事情，一定要做出样子来。创业成功当然很好，就算失败，我也不认为是多大个事。因为它同样能给我带来收获，我有面对任何结果的勇气。”

【导师点评】

1. 从兴趣出发，锻造专长技能

综观周欣的创业经历，她并不是为了创业而创业。对于她来说，创业并不是最初的职业规划，只是一个顺势而为的选择。这里的“顺”，是指她对兴趣爱好的钻研，机会总是留给有准备的人。周欣整个大学期间坚持下苦功夫，反复实践，提升应用能力，并把握住了创业机会，最终取得成功。

2. 脚踏实地，夯实创业基础

创业既需要有敢作敢为的闯劲，也需要有脚踏实地的品格。婚庆行业准入门槛并不高，周欣又有从业经验和专业技能，但是她并没有急于求成，马上创业；而是适时积蓄能量。几年的婚礼策划职业经历，让她对行业现状十分了解，对客户的喜好与市场导向也很熟悉；而项目的运作成效，帮助她获得了良好的行业口碑，积累了一批客户资源。同时，结识志趣相投的创业伙伴，这些都为她的创业奠定了良好的基础。

3. 找准定位，突出核心专长

文创行业虽然属于新兴行业，但市场热潮来得快，去得也快，婚礼策划也不例外。行业准入门槛低、同质化严重，要在市场立稳脚跟并不容易。为此，她把公司的定位更多放在设计与策划，不再是简单设计元素的复制。把关注点放在综合能力及专业素养的提升上，特别重视客户的“口碑效应”及树立品牌形象。虽然这个过程很艰难，但终使企业走上了康庄大道。

筚路蓝缕
——开启新媒体思政之林的小马哥

人物志

姓名：张坤

入学年级：2010 级

入读院系：德语系

就读专业：德语

创业项目

为响应时代号召，张坤等成立了后撤步思想政治教育传媒工作室，采用“互联网 + 思想政治教育”模式，利用新媒体平台，拍摄多种主题的思想政治教育视频，以幽默风趣的方式对当代大学生进行思想政治教育，弘扬真善美，传递正能量。

【创业故事】

后撤步工作室成员在集中进行视频的后期处理和制作

"昨夜西风凋碧树，独上高楼，望尽天涯路。"

"人生三境界"，第一境界便是"立"。后撤步思想政治教育传媒工作室创立伊始，便牢牢抓住高校大学生思想政治教育这个主导方向，制作与大学生思想政治教育有关的视频并对一些时事进行深度报道，展开街头采访。例如，全国两会时期，他们拍摄了一部倡导观看两会、学习两会精神的短视频；在第二届"一带一路"国际合作高峰论坛召开期间，他们街头采访学生，询问他们对"一带一路"倡议的认识和看法。再如，针对求职陷阱，他们自编自导自演了一部情景小短剧，告诉大学生遭遇这种情况时，应该如何应对。

"万事开头难"，最初，他们对视频剪辑和平面设计了解并不多，因为团队成员都来自非相关专业；此外，资金短缺，设备有限，团队难以壮大。但"初生牛犊不怕虎"，他们总能迎难而上。他们深知，创业需要一种品质，团队要团结协作；创业更是一种磨炼，一种挑战困难、成就梦想的历练。任何人都不可能轻轻松松地成功。学习是最好的老师，他们向有经验的师兄师姐请教，查阅相关书籍，通过网络搜索资料，一点一滴从头做起。从最简单的操作开始，直到熟练操作相关软件，并制作出一部部精彩的视频。他们从时事新闻、网络热搜及身边事中精选主题，并组织拍摄富有教育意义的思政视频。

后撤步思想政治教育传媒工作室选择思想政治教育这一冷门领域，与团队成员的家国情怀紧密相关。思想政治教育是高校教育相对薄弱的部分；但青年强则国强，青年是国家的未来主力军。教育是民族振兴和社会进步的重要基石，思想政治教育是引领青年走向成功的导向标，也是校园文化建设的主要内涵之一。为此，后撤步思想政治教育传媒工作室突破传统思想政治教育模式，以喜闻乐见的方式开展，取得了很好的成效。

“衣带渐宽终不悔，为伊消得人憔悴。”

“人生三境界”，第二境界是“守”。工作室在制作大学生思想政治教育新媒体作品的同时，还会承办一些其他业务。他们于 2019 年 4 月 7 日承办了以“感恩生命、感悟生命”为主题的清明节体验活动；他们帮助四川外国语大学东方语学院及文创基地拍摄了“肆蜀杯”宣传片，好评如潮。目前他们正在拍摄招生就业处的招生就业宣传采访视频。

后撤步思想政治教育传媒工作室开展业务过程中遭遇过许多困难。在发布关于全国两会视频时，视频网站都通不过，他们辛苦拍摄的视频同学们却看不到，这令团队有些沮丧。为顺利举办清明节主题体验活动，他们购买东西，申请场地，邀请嘉宾，准备礼品，筹备了一个多月。活动进行得很顺利，同学们的反响也很好。可活动完毕之后，活动的个别问题上了各平台热搜，一下子把他们从成功的喜悦中拉了回来，团队成员情绪因此变得有些低落。

但团队没有被这些挫折及困难打败，视频门户网站通不过，他们就进行线下宣传，通过小的视频平台宣传；不被别人理解，甚至被疯狂攻击，说明活动仍有不足。他们从中吸取教训，化非议为动力，更坚定了信心。无论未来如何，不管有多难，相信他们仍一如既往地走下去。

“众里寻他千百度，蓦然回首，那人却在灯火阑珊处。”

“人生三境界”，第三境界是“得”。后撤步思想政治教育传媒工作室致力于网络新媒体、思想教育的交流传播。公司成立以来，秉持与时俱进的理念，依靠强大的网络平台、专业的制作团队、稳定的营销队伍，竭力打造网络思政文化，开拓网络新市场，传播思政新理念，引领社会各界人士了解、支持、参与思想政治教育。作为一家刚成立的思想政治工作室，他们坚持以思想引领为宗旨，其新颖的拍摄手法、工作思路受到广大观众的认可和欢迎。后撤步思想政治教育传媒工作室的经营范围为新媒体平台运营及推广、视频拍摄及制作、电脑图文设计制作、活动策划与承办，成立初期营业额即达 3 万元。

随着新媒体行业飞速发展，数字化、互动式融媒体时代已经来临，行业需求巨大并急剧扩张。经深入研究，团队创立新媒体推广项目—后撤步传媒工作室，立足四川外国语大学辐射全重庆大学生群体。业务方面，除短视频制作，为深入大学生的学习、生活等各个方面，团队推出优秀网络系列剧；把大学生思想引领与互联网创业模式两者深度结合，走深走实，深入探索新媒体思想政治教育与创新创业相融合之路。

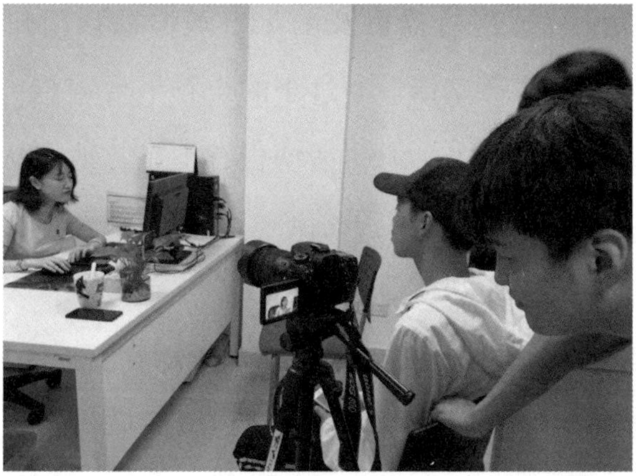

后撤步思想政治教育传媒工作室视频小组成员采集视频素材

团队成员脚踏实地，不断创新。他们因此收获了宝贵的精神财富，实现了自身的人生价值。创业路上荆棘丛生，愿他们迎难而上，破浪前行。创业就是把好的想法变成现实，是一种极具挑战性的社会活动，必须具备智慧和勇气，创业是一种生活方式。如何把握方向，拿捏力度，传递正确的价值观是有难度的。在这种情况下，后撤步思想政治教育传媒工作室团队一步一个脚印，反复筛查，积极配合，力争将思想政治宣传工作做到位。围绕社会、关注社会、服务社会，以提高大学生及社会公众的思想水平、政治觉悟、道德品质、文化素养为目的，确保高校认同，社会认可。

【导师点评】

1. 做好创业计划书是创业者的必备课

张坤同学没有陷入空想，而是着眼现实，积极分析目前市场实际形势；着眼当下，制订周密的创业计划书。创业不是仅靠热情和梦想就能支撑，设计一份切实可行的创业计划书是每位创业者必做的功课。不仅要规划项目的短期及长期经营模式，还要预估盈利能力、盈利点、盈利方式以及所需条件等。以上必须建立在现实、有效的市场调查基础之上，不可凭空想象、主观判断。根据计划书，把创业目标分解成各阶段的子目标，再制定详细的工作步骤。

2. 周密的资金运作计划是创业成功的前提条件

周密的资金运作计划是保证“有粮吃”的重要前提。项目启动前，一定要做好3 个月以上的资金准备。如后期发生不可避免的变化，则需适时调整资金运作计划。务必做到收入和支出平衡，确保资金不断链，为项目发展打好基础。

3. 不断强化创业能力与知识

俗话说，“不打无准备之战”。创业者要成功，必须扎扎实实做好准备，不断积累经验。除了必要的资金储备，还必须懂得营销之道。例如，如何打开产品的销路，了解消费者对产品的需求等；同时，要学会和各类机构打交道，如工商、税务、质检、银行等。这些部门与企业的生存发展息息相关，要善于交朋友，建立和谐的人脉关系。

4. 在失败中成长

由成功者的经验不难发现，创业者往往都有“撞了南墙挖洞也要过去”的信心。“失败是成功之母。”如何面对失败？充分准备，不断学习，调整方案，换个方式方法继续前进，永远不要停止前进的步伐。经历“死而复生”，往往使人前行的脚步更加坚定。创业者要记住一点：信心是创业成功的阶梯。

执着梦想
——校园生活美学缔造者

人物志

姓名：王腾飞

入学年级：2010 级

入读院系：英语学院

就读专业：英语

创业项目

河南客思家网络技术有限公司主推“客思家 kiss +”大学生创意家居生活品牌，旨在打造品质创意家居。以“品质、设计、服务、性价比”为理念，致力于提高高校学生生活品质，提升大学生创意校园生活服务水平，缔造大学生校园生活美学。

【创业故事】

发布会上的王腾飞

2016 年 8 月 3 日，客思家开业典礼暨产品上线发布会在郑州高新区“云投小镇”众创空间隆重举行。来自河南省人社厅、郑州市科技局、“云投小镇”众创空间，以及高校创业者、大学生及多家媒体等上百位嘉宾莅临发布会。

日积月累，化茧成蝶

出生于河南农村的王腾飞，2010 年被四川外国语大学英语语言文化专业录取。路途遥远，不便携带被褥等生活用品，只能现买。当时买的被子价格高，质量还不好，大概用了半年就不行了，多数同学都从家里带新棉被过来。从农村走出来的王腾飞，觉得好几百块钱就这样浪费了实在可惜。但是那时的他，性格内向不爱说话，只是想想而已，并没有付诸实际。为锻炼自己的语言表达能力，大学一年级下学期，王腾飞加入了学校的创业团队。该团队创办的快递超市项目受到国家邮政总局的嘉奖，被重庆各主流媒体争相报道。受此鼓舞，王腾飞开始考虑未来创业方向。

王腾飞发过传单，当过服务员，做过家教，担任过教辅机构负责人；后在母校四川外国语大学食堂经营预定送餐项目，大获成功，并参加了第一届中国境外投资年会。种种历练使王腾飞快速成长起来。从胆怯到自信，从忐忑到淡定，他对自己有了更大信心，逐渐有自己的创业设想。

大学二年级那年，新生入学前，他去朝天门市场批发了一些床上用品，除去所有开支净挣了 5000 多元。尝到甜头的他更有干劲了。大学三年级时，通过市场调查，王腾飞发现从批发市场购进的东西大多是“三无”产品，没有质量保证。他和其他伙伴左右权衡后，决定一起出资，找正规厂家批量生产。这样既能确保产品质量，又能压低价格，同学们大多能接受。在生产和包装上，他们对产品设计进行改良创新。一些小细节上的改善，让产品更适合于学生的使用习惯和审美喜好。很快重庆各大高校的新生床上用品几乎都被他们包揽了，短短一周就挣了近 10 万元。

经过三年运营管理，王腾飞参与创建的校园家纺品牌目前已经成为中国高校第一家纺品牌，2015 年便实现单月营业额 1500 万元。

几经沉浮，终修正果

好奇心是一个神奇的东西，正是好奇心驱使王腾飞一路探索，一路闯荡，开拓更宽广的未来。2014 年临近毕业，王腾飞拿到十几家名企的录用通知，这些企业涉及金融、教育、房地产、电视传媒业等，他最终选择了一份去非洲的外派工作。

2015 年 5 月，王腾飞开始有了要做一家集商业、服务和文化为一体企业的打算，恰好这时朋友邀请他回国创业。很快王腾飞辞职回国，加入一家创业公司，负责河南片区市场开拓和销售管理。鉴于以往的成功经验，他决定复制，继续做校园家纺。但是，由于对河南市场了解不足，又缺乏河南高校团队资源，导致产品积压严重，现金流很快中断，创业宣告失败。

然而，失败乃成功之母。经过半年多的市场调查、项目梳理、团队重整和招商引资，一个全新的“客思家 kiss +”品牌于 2016 年初在云投小镇孵化器注册成立。创业之初，王腾飞得到了云投小镇众创空间的大力支持。云投小镇众创空间在办公场地、资源对接、导师指导等方面给予了王腾飞支持。

凭借坚持不懈，勇往直前的精神和各方的支持，经过三个月的市场调研和试运营，王腾飞创立的“客思家 kiss +”取得了不错的成绩。经过三个月发展，公司员工已达 30 人，旗下校园团队成员 1600 人，首批产品预定金额达到 200 万元。

创业是艰苦的，也是孤独的。当被问及成功的关键要素是什么，王腾飞说："创业成败最关键的不在于项目本身，而是团队。"

当初他孤身一人回到郑州开辟市场，在一次偶然参加的演讲比赛中获得第一名，并在比赛中认识了现在的合伙人李盼。李盼在郑州创业多年，拥有广博的人脉资源。在他的帮助下，王腾飞认识了很多创业人士，并顺利组建了合伙人团队。

但在组建校园团队时，他遇到了很大困难。因为王腾飞对产品质量的严格要求，客思家产品的价格较普通产品稍高；而很多校园代理担心销量，因此合作非常困难。

为了解决这个问题，他们在郑州各大高校招募合伙人。最开始招募了500多人。经过层层筛选，面对面深入沟通，最终从500个应征者中选了16个人。时至今日，他们的校园团队已达150个。

王腾飞说，公司所有的成就，是团队每一个人努力的结果。

怀抱梦想，执着追寻

客思家公司有三个梦想：①实现所有团队成员的创业梦想；②给大学生提供优质、安全、健康的家居生活用品和服务；③为更多在校大学生提供社会实践及学习成长的机会和平台。

客思家的校园团队

“每一个有志向的年轻人，都有一个创业梦。他们不甘平庸想做出一番事业来，有激情，有想法，也有能力和潜质。我们成功了，圆梦了；我希望能帮助其他有梦想的人，让其梦想照进现实。”王腾飞说。

如今，郑州的“kiss +”运营态势良好，已有固定客户。固则思变，王腾飞感到他在家居行业已没有太多发挥和提升的空间，加之前期太过于投入导致身体透支，静心休养一段时间后他将眼光投向了有机农产品种植和推广。如今，他在广东海边城市租了一块农场，开始了新一轮创新创业。对于王腾飞来说，创新创业，永远在路上。

王腾飞对青年创业者的建议：

做事先做人。我们经常说“为人处世”，人和事是分不开的。其实很多大学生创业失败，不是项目不好，也不是做事不行，本质上是在做人上有欠缺，自然在做事上会出现相应问题。我们要多去积累经验，多和人打交道，学会尊重人，替别人考虑。

要执着。不要在意此一时彼一时的成功或失败。既然选择了，就要坚定地走下去。同伴会越来越多，路也会越来越清晰，越来越开阔。我现在还谈不上成功，只是在路上而已。所以，贵在坚持，贵在执着。

【导师点评】

1. 识别和抓住创业机会

创业者既要有一双识别机会的慧眼，又要有抓住机会的行动力，王腾飞就是如此。看到大学新生需要质优价廉的床上用品这个商机，马上付诸行动，从而赚取了人生第一桶金；并以此为机做大做强，成为先行者。即使因健康问题暂时退居幕后，仍不忘寻找新的机会，并发现有机农产品的种植和推广的市场潜力，进而开始新一轮的创新创业。

2. 进行标准化市场营销

要精确定位产品和受众，精准营销。TED 创始人 Chris Anderson 说过："如果你不能用 3－8 个词来定义你的品牌，你将注定失败。"王腾飞的"客思家 Kiss +"，针对校园用户离家求学念家的情感——独处异乡身似客，一套床用梦归家——引起大学新生的共鸣，抚慰他们的念家情绪，从而聚积了人气。一个能引起用户共鸣、识别度高的品牌是成功营销的基础之一。

3. 搭建契合的创业团队

团队的分工配合及团队精神对于创业有着至关重要的作用。王腾飞从创业初期的单枪匹马，到组建团队做大做强，团队的契合与否直接影响了其创业的成功失败。王腾飞在重庆组建的校园团队经过磨合配合默契，业绩蒸蒸日上；转战河南后，因缺乏有力的校园团队支持，举步维艰最终失败；意识到问题后，他又在郑州重新组建团队，为企业的发展壮大打下了坚实基础。

步履不停
——一个广告业创业者的逐梦之路

人物志

姓名：曹峻珩

入学年级：2005 级

入读院系：中文系

就读专业：汉语言文学专业

创业项目

重庆方科整合机构，系中国香港方科集团有限公司下设机构，是集商业策略、公关策划执行、商业包装、品牌策略、资源整合、媒介策略、文创研发及其他综合服务为一体的专业整合公司。与各大房地产开发商有深入合作，如九龙仓、恒大、龙湖、大融城、瑞安、东原等。

【创业故事】

引言

四月一日，小雨转阴。窗外被连日雨水冲刷过的街面湿漉漉的。“内地陆家嘴”——重庆江北城国金中心楼上，一场有关开业活动的头脑风暴正在进行，曹峻珩正处在“风暴”的中心。但他不知道，一个“密谋已久”的惊喜正向他慢慢靠近……

四月第一天，是以愚人为乐的愚人节。四年前，曹峻珩创立了充满艺术气息的方科整合机构。现在，全体“方科人”正聚集在一起庆祝它三周年的生日。2016 年，方科集团有限公司成立于中国香港，下设方科（中国）整合机构及方里文创，拥有艺术、文化、动漫及演艺等行业资源。

如今，随着经济下行周期到来，环境严峻，竞争愈加激烈。创业者如同在茫茫大海踽踽独行，一不小心便可能触碰险石、暗礁。除了要应对复杂的外部环境，创业者还要不断接受内心的自我拷问。

对创业者来说，呕心沥血养大的“孩子”，是其全部身价。所以，很多创业者不惜一切，借贷、卖房……选择了创业意味着选择了一份责任，必须咬牙坚持。但创业往往九死一生，很

机构三周年团队合影

多时候创业者虽苦苦支撑、赌上一切，却终究难脱困境。而这些，仅仅是曹峻珩人生经历的一小部分。

调整心态，为走入社会做准备

十年前，曹峻珩第一次踏入四川外国语大学校园，正是重庆最热的季节。跟同龄人一样，他对大学校园充满了好奇。生性活泼、能说会道的他随朋友一同去学生会参加各部门面试，结果被多部门争相录用，这是曹峻珩没有想到的。“大概是觉得我人畜无害吧。”曹峻珩笑道。大学四年，曹峻珩不仅交了一帮朋友，还学会了如何与人和平相处——“我觉得大学让我学会了怎样去和社会接轨，是一个从学校到社会的过渡期，因为生活状态即将发生改变。”他很感激母校给了他一个自由的氛围，让其对社会有了初步了解与认知，从而顺利完成了心态上的调整。

广积经验，厚积薄发

毕业后，他并没有选择与专业相关的工作，而是进入了一家金融证券机构。当时的营业部主管对他十分器重，曹峻珩有提前转正的机会，但他拒绝了。“觉得自己不太适合金融行业，因为我对数字不敏感。但我很感谢主管对我的鼓励，这让我对未来有了信心与力量”。随后，他加入了知名地产公司——龙湖地产。在龙湖的那段时光，让他对营销策划有了更加深刻的认知。“在龙湖，令我印象最深的一件事是，当时北城天街 H&M 进场封铺，跟完了整个流程，我发照片给主管，主管发现封铺有色差。其实色差问题制作方向我反映过，但当时对方的解释很合理，因此我也就理所当然地接受了。主管跟我说，‘你要记得你是一名甲方工作人员，要以甲方思维考虑问题，而不是站在乙方的角度，这不全面。当时并不理解，后来自己创业才意识到主管的话是非常正确的。”主管当初的一席话化作了一颗种子，在曹峻珩心里埋下了根，结成了方科的果。

发展与挑战

离开龙湖地产后，曹峻珩入职重庆高科集团，负责项目推广部工作。2016 年，他做了一个重大决定——创立方科整合机构。从最开始的 5 个人，到现在 30 多人；从与他人合租办公室到入驻超 5A 甲级办公大楼国金中心；从用半个月时间准备第一个商业地产提案到同时进行十几个商业地产活动，方科整合机构实现了跨越式发展。它就像一棵大树，团队每个人都在为它浇灌“养分”，尽管每个人都是在摸索。“从无到有的过程总是十分困难的。方科的诞生只是第一步，站住脚，扎了根，才是最重要的。”

摸索前行，终成业界标杆

在创立方科整合机构的那段时间，曹峻珩和几位合伙人通力合作共同寻找利基市场。通过市场细分，锁定目标，明确定位；大家竭尽全力顺应目标市场的需求，终确立了企业生存发展之本。

2016 年，曹峻珩带领团队奋战一个月终成功拿下华宇地产档期内所有活动的代理权，并很快与其他商业地产建立了良好的合作关系。

2017 年，方科成功承接下重庆天地万圣节活动，曹峻珩带领团队成功为甲方举办了万圣节活动。活动结束后，甲方负责人由衷地称赞："你们是我做这行这么久以来，最让我放心的乙方了。"万圣节活动让方科无形之中提高了行业地位，为其拿下春季档的代理合同打下了良好基础。

2018 年，在团队成员通力合作下，曹峻珩携手小野花植成功举办筹备了一年的先锋花艺个人品牌发布会。在发布会设计过程中，曹峻珩团队常有让小野赞赏的创意，并高规格地完成整个现场的设计及物料铺排。曹峻珩从活动一开始就认真调研现场，后期物料进场更是时刻紧盯项目，从而确保了发布会顺利召开。曹峻珩及方科这种认真负责的态度受到了出席发布会的渝中区政府相关领导高度赞扬，协信星光的负责人更是多次表示希望与方科合作。

2019 年，方科接到了来自 IFS 国金中心的招标书并从众多竞争者中脱颖而出，成为其三月活动的代理方。经过团队共同努力，方科最终与国金中心确定了"多面女神，分身有术"的档期活动。与 IFS 国金中心的合作，扩大了方科的知名度，也为国金中心树立了亲民形象。本次活动的成功组织，让 IFS 国金中心顺利融入新的氛围中，显现一流商业地产的气魄。

方科成立的这几年时间，曹峻珩无时无刻不在思考，思考如何让方科转入一个更加适合其发展的圈层。尽快适应当前商业地产项目的需求，为客户提供更加优质的服务，深得客户满意。他的理性以及对市场的把控，是方科从房地产寒冬中挺过

“多面女神，分身有术”的活动现场

来的重要原因。面对难啃的项目，曹峻珩总会冷静地给出方向，为团队提供参考。

虽树大根深，仍需感谢

“公司发展至今，其实我也有了变化，不再激进冒险。毕竟公司上下好几十号人跟着我，我要对他们负责。向员工证明，他们选择方科，选择这个平台是一个不错的决定，这是我目前最有压力的事情。以前我总把大大小小事务揽到身上，所有的事情必须从我这里过一遍。但方科发展至今，已经遍地开花，已长成了一棵大树。我觉得是时候应该放一放了，让大家去适应市场；而我的重心则是把控整个公司的发展走向。方科每一位成员都应该明白自己所应承担的责任。”他如是说道。在方科，曹峻珩像是一个大哥哥，工作的时候很严肃，私底下却和大家打成一片，丝毫没有老板的架子。

方科 2018 年打造的“孤独的不孤独”艺术公益展

对于我而言，对于方科而言，方科最大的贵人就是曾在方科工作过的每一个员工，包括我自己。因为有团队每一个人的付出，才有了方科在重庆公关行业内的领先地位。我要感谢每一个正在或者曾经在方科工作过的人。”

展望未来，迎接新挑战

对于一个土生土长的重庆人，曹峻珩从未离开过重庆太久，学习、工作、事业都在重庆。“我离不开火锅。”他笑着说。“其实我很羡慕那些能够在异国他乡打拼的人，我觉得他们真的很棒。”谈到未来打算，曹峻珩眼睛里有了更多光彩。“未来，方科要面临各种挑战，我本人也要突破一下自己。扎根重庆，走向世界。要说目标的话，上市是我眼下的一个目标。上市不仅有更多资本流入，更重要的是可以看到一个积极向上、有前景的方科，且能吸引更多先进理念和运作管理经验。”

方科的办公环境

后记

在这个朝气蓬勃的时代，不乏野心勃勃的创业者。正是有了他们，社会才有了内在的发展动力。创业不容易，活下来难。据有关数据，大学生创业失败率高达 95%。

当然，这种残酷性不仅仅针对大学生。据统计，创业公司平均寿命不足三年，第一次创业失败率为 90%，第二次创业失败率仍在 80% 以上。

曹峻珩与方科，同样经历过至暗时刻。无数个不眠之夜，困境中的苦苦挣扎……幸运的是他拥有一群为了梦想敢拼敢做的“同路人”。他们在正确的道路上，不断创新，不断前行。

【导师点评】

1. 准备足，成功易

曹峻珩的创业故事告诉我们：创业，要善于积累经验，寻找商业机会；创业要做好前期调研，找准项目。

在七年的时间里，曹峻珩从事过金融、营销策划、项目推广等工作。这些历练为他创立一个以广告、策划为主营业务的机构积累了经验，锁定了商业机会和创业目标。创业不能仅凭冲劲，创业初期一定要明确创业目标。只有明确了商业目标和路径规划，有条不紊地向目标前进，才有可能取得成功。曹峻珩积极奋进，勇往直前，步步为营，终造就属于他的世界！

2. 创业者的基本素质和领导能力至关重要

新创办企业的失败率很高，统计表明，中国企业的平均寿命七年左右，民营企业的平均寿命只有三年。推动新创企业成长的一个重要因素是创业者的综合素质与能力。初创企业领导必须能激励团队成员，让其充分释放能量；增强团队荣誉感、归属感，建立富有凝聚力的创业团队。初创企业要生存，必然遭遇很多障碍和困难，创业者要具有很好的心理素质。

生性活泼、能说会道的曹峻珩具有重庆人的乐观、亲和力和一股越挫越勇不服输的劲头。他以自己独特的人格魅力、开放包容的心态、积极进取的精神，吸引了一群志同道合者与其合作；组建了一个团结坚强的团队，并围绕创业目标，实现团队价值的最大化。这为其在媒体融合时代实现创业理想提供了强大的内核支撑。

有学者总结，成功企业的9F要素：创办人（founder）、抓住重点（focus）、决策迅速（fast）、机动灵活（flexible）、不断创新（forever innovating）、精简机构（flat）、精打细算（frugal）、待人友好（friendly）和充满乐趣（fun）。曹峻珩结合自己所学，不断积累经验，保持乐观心态，不断创新，奋力拼搏，这是他成功的注脚。

追梦赤子
——可以输，但要输在赢的路上

人物志

姓名：陈浩玮

入学年级：2014 级

入读院系：中文系

就读专业：汉语言文学

创业项目

创办公众号“姨妈经”，自诩“小姨夫”；创立加辣互动新媒体创意公司，为品牌方提供阶段性创意推广、网推代运营、渠道分发投放、餐饮娱乐品牌孵化、独立知识产权（IP）入驻等创意服务。

【创业故事】

创业初体验

对于大学，毕业快一年的陈浩玮有一点点感触想与大家分享。大学期间，我们可以去探索，去尝试自己喜欢的东西。让自己尽快成长是大学的必修课。大学不应该为了学习而学习；我们要认真地对待每一件事，通过努力塑造出更好的自己，以便更好地适应社会。

大学三年级时，陈浩玮突然有了创业的强烈冲动。于是选择前往杭州，这个因“梦想小镇”闻名于世，激发无数青年创业梦想的地方。此后两年时间，他都在这里和一个朋友经营一家电商公司。产品服务主要针对大学生，如自动翻译机、民宿、驾校、快递一公里等。想尝试的，他几乎都做了一遍。他说事情怎么都做不完，这些事情激励着他，一直向前。虽有挑战，但也充满机遇，同时是一个不断累积的过程。它让年轻的陈浩玮学会成长，摆脱迷茫，获得经验。这对于奋斗中的他来说，这是一笔宝贵的人生财富。

“小姨夫”的“姨妈经”

2016年，出于对写作的热爱，陈浩玮开始钻研微信公众号的运营与创作。有了这种动力推动，他注册了公众号“姨妈经”。公众号每天更新，并以“小姨夫”这个外核糙汉子、内核少女心的形象登场。“姨妈经”的“粉丝量”很快达到6万人，这让陈浩玮渐渐有了一些知名度，他开始向“我要 what you need”“樱桃画报”“大忘路”等微信大号供稿。每当有人通过微信平台留言说喜欢他写的文章时，他感到非常满足，有了坚持下去的动力。四年的写作为陈浩玮打下了坚实的文字基础，为创业埋下了伏笔。

重庆本地情感类公众号“姨妈经”，“粉丝”6万人

活泼可爱的创意团队

出于做点不一样东西的想法，加上几年累积的经验及对写作的热爱，陈浩玮创立了加辣互动公司。

创业不可能一帆风顺，问题和困难非常多。对于创业者来说，日常工作就是解决麻烦和问题。问题解决多了，创造力也就变强了。

这个创意无限的年轻团队，先后向东原·1891、财信广场等商业新媒体提供双微端以及前端策略、后端执行和媒体传播服务。这些可爱、活泼的团队成员都非常努力，大家各有其不同的操盘案例。团队曾参与龙湖U城天街B馆开业U兔IP营销、U兔故事线、3天炒作微博稿、线下表情包制作及U兔的个人号运营。

团队还操盘了东原·1891的天台爱情季档期的营销。团队主打情感牌，渲染空间氛围，手绘制作刷屏H5。在给原·美术馆做营销时，项目创意结合艺术PR和商业地产进行营销，把商业地产打上了艺术标签。通过互动装置，让艺术氛围蔓延全馆，同时有易烊千玺这样的顶级流量加持。

陈浩玮创办了一个具有独立知识产权（IP）品牌——迷谷。迷谷立足于新青年文化音乐嘉年华，致力于为城市音乐人提供发声的机会，并为城市创造输出新的商业内容。举办了“黑胶唱片展”“冰上天空音乐节”，邀请了花粥等音乐人到场演出；举办了“迷谷音乐市集”，脏辫、潮牌等商家参与；开展“独立打印店、翻包行动”等活动，把真实的自我展现，给青年人一个发声渠道。迷谷取得了不错反响，聚集了一批热爱地下文化的年轻人。

迷谷开展的营销活动场景

加辣互动是一个新营销场景下兼顾前端策略、后端执行、品牌传播的新媒体创意公司，为品牌方提供阶段性创意推广、网推代运营、渠道分发投放、餐饮娱乐品牌孵化、独立 IP 入驻等创意服务。创立者陈浩玮希望带领他的团队，创造出更多有趣、有价值的内容。

热爱并发现工作的乐趣。生活和工作已经被捆绑在一起，外人或许难以理解，但陈浩玮却非常享受身在其中的感觉。

【导师点评】

1. 机会源自生活，创业要敢想敢做

机会往往源于生活中的问题，在于“行走本身的力量”，Just do it！陈浩玮怀揣创业梦想，渴望了解新的东西，勇于实践，并坚定地走上了创业路。针对大学生，提供自动翻译机、民宿、驾校、快递一公里等网络便捷服务。

2. “95后”学子独特的文化姿态

创业初期，难免会遭遇来自各方的质疑、难题。大学生创业者只有根据自身特点，找准“落脚点”，勇敢迈出第一步，才能闯出一片真正属于自己的新天地。所学专业是大学生创业的资本，立足文化创新，陈浩玮游刃有余。经历过第一次冲动式创业，陈浩玮加速成长。依据写作专长爱好，顺应碎片化阅读潮流，捕捉都市年青女性细腻的情感需求，成功运营微信公众号“姨妈经”。出于做点不一样东西的想法，创立了加辣互动公司，展现了团队的无限创意，表达了城市商业文化需求。凭借其热爱、擅长的写作，他收获了满足感、增强了原动力，锻造了他“鹿一般会跑的腿、逛马路的闲工夫和犹太人的耐性”三大创业素质。

3. 享受身在其中的创业乐趣

创业中的喜怒哀乐是一个阶段的见证，快乐、痛苦都是生活的馈赠，是给创业者最幸福的人生礼物。正因如此，对于年轻的创业者陈浩玮来说，通过创业找到了生活的乐趣，可以输但要输在赢的路上。针对时下年轻人个性化休闲娱乐需求，他和他的团队以创造有趣、有价值的内容，提供分类细致、目标消费群体明晰的商业文化服务为宗旨，砥砺前行。

今将万里归

—— 一缕渝风，一路前行

人物志

姓名：陶虹源

入学年级：2017 级

入读院系：中文系

就读专业：汉语国际教育

创业项目

一缕渝风，通过传统手工艺剪纸，展现重庆“巴渝”传统文化。

【创业故事】

陶虹源的剪纸作品

创业的种子

与许多人一样，刚刚走进大学校园的陶虹源也有些迷茫。一个偶然机会，让他与剪纸结缘。在一次手工艺课上，陶虹源在欣赏“巴渝金剪子”江仲隆老师裁剪的一个个喜庆可爱的作品时，内心迸发出一个奇妙的想法：“大多数来重庆的外地游客，只记得“洪崖洞”“磁器口”等景点，是否可以通过剪纸将重庆最地道、最正宗的传统文化传播出去？而且可以将‘剪纸’这项艺术一并推广，一举两得。”陶虹源心中自此埋下了创业的种子。当然，光有想法肯定是不够的。为此，陶虹源和他的团队从市场入手，通过问卷面向身边的同学和留学生朋友做调研：是否对剪纸有兴趣？是否有这方面的需求？同时，陶虹源和他的团队特地来到璧山区，拜访了江仲隆先生，向其请教剪纸技艺，了解如何将传统文化和现代技艺巧妙地结合。江仲隆先生带着陶虹源和他的团队到他所在的璧山小学参观。在那里，陶虹源看到了剪纸给小朋友们带来的乐趣。由此，陶虹源深受启发，不仅可以将剪纸作品展示给外国友人，还可以让游客亲身参与体验，以此激发他们兴趣。

陶虹源参加重庆市首届大创慧谷杯大学生创新创业初赛

大道如青天，我独不得出

有了创业想法之后，接下来陶虹源参加了一些创新创业比赛，希望通过实践来磨炼自己，尽快提升综合能力。为此，陶虹源做了大量准备工作，如熟悉比赛流程规则、组建团队、撰写文案、开展市场调研等。现在陶虹源还记得，第一次撰写计划书时团队成员一起讨论的场面。大家很团结，每个人提出自己的观点看法，一起讨论、研究、修改，项目才得以最终完成。记得一次比赛的前一晚，团队成员一起熬了个通宵。大家丝毫不敢懈怠，累了就听听歌，当计划书最后顺利完成时，天已大亮。大家开玩笑地说，“看吧，这一次一定会成功，太阳都在给我们鼓劲呢。”

至于为何把这个项目取名为“一缕渝风”，与陶虹源爱好文艺有关。在思考项目名称时，他很自然地就把“一缕渝风”与项目联系在了一起：“仿佛寒冬之后，冰河初解，春波浩荡，一缕渝风轻轻拂来，带领你领略重庆的独特文化。”在指导老师王琥看来，这个名字不仅很好地体现了项目浓浓的重庆味道，还带给人一种艺术享受，很舒适。老师的肯定给了陶虹源信心，接下来陶虹源就开始组建团队、撰写文案了。因为刚入学，相互熟悉且有创业意愿的朋友不多，团队成员大多是陶虹源的同班同学。团队刚刚组建，大家是否有能力和信心做好这个项目都是未知数，但陶虹源相信自己的眼光。陶虹源本着自愿原则将团队成员进行了分组，一组负责市场调研，另一组负责网络设计。那段时间是重庆最为炎热的时候，陶虹源看着大家拿着复印好的问卷去找留学生做调查，耐心填写问卷，不断获得高质量反馈资料很是感动。大家没有怨言，认真负责地做着总结；针对问卷中出现的一些问题，大家及时修改，确保问卷能反馈市场实际情况。负责网络设计的同学虽然不像市场调研组成员顶着烈日做调研，但同样很辛苦。每天他们几乎都要讨论到凌晨。“他们做事极其认真，不做到完美不罢休。做 logo 和项目书封面时，每次我都觉得很漂亮了，但他们还是皱着眉头说不够。果然，术业有专攻，我在设计方面还是太欠缺了。”大家很惊讶网络设计组同学的能力，尽管他们不是专业学设计的，但是效果甚至比专业学设计的同学还要出色。虽然过程充满艰辛，偶尔也有成员感觉心有余而力不足，但大家总能抱团取暖相互鼓励。回头看，陶虹源还是会被感动到，大家就像一家人一样。如果某一位同学状态不好，其他人都会主动承担更多的工作。大家的目的很明确，就是要打造一个优秀的大学生创业团队。

作为团队负责人，陶虹源觉得有义务做好工作分工，提高效率。他深知成员之间沟通很重要；大家应各取所长，优势互补、互相支持。团队里，有擅长计算机的，有擅长手工绘画的，还有擅长组织协调、整合资源的。在团队成员的共同努力下，他们终于完成了数十页的创业计划文案。陶虹源不由地感叹道：从当初的一个想法，到如今成为一个“有血有肉”的参赛项目，像是见证新生儿诞生一样，既激动又期待。随后，陶虹源和他的“一缕渝风”参加了第八届全国大学生电子商务创新、创意及创业挑战赛。比赛结果却出乎他们的预料：项目没能进入决赛，最终止步于复赛。看着其他获奖团队，回想团队成员的艰辛付出，陶虹源深觉对不起大家，甚至开始怀疑，自己是不是适合走这条路。

2018 年 12 月陶虹源团队参加重庆市北碚区嘉陵创客复赛

千淘万漉虽辛苦，吹尽狂沙始到金

就在陶虹源考虑要不要放弃的时候，团队给了他坚持下去的勇气和决心，大家鼓励陶虹源不要放弃。没有一步登天的，早发现问题未尝不是好事，任何一个项目都是不断完善打磨出来的。看到大家充满斗志和信心，陶虹源备深受鼓舞。山长水远，比赛只是创业路上的一次经历。陶虹源知道今后的路更漫长，需要勇敢面对。

事后，他主动找到指导老师，寻找项目的问题；虚心请教创新创业经验丰富的学长学姐，学习他们成功的经验；观摩历次创新创业比赛视频资料，利用课余时间与团队成员一起到北碚区实地调研文创类项目的发展情况；前往璧山区观摩当地剪纸课堂教学；到南岸区下浩老街进行实地拍摄取景，积极参加各种比赛，认真筹备每一次展示。每次比赛，团队会抽出专门时间进行集体模拟答辩。相互提问题，查漏补缺，尽可能地把比赛中可能出现的突发状况及可能被问到的问题来一次“大检测”。阳光总在风雨后，正是这种不放弃，虚心学习的精神给“一缕渝风”带来了新的收获。目前，这个成员平均年龄不到20岁的团队已多次荣获重庆市级创新创业奖项，“一缕渝风”项目已获得“2018 重庆市级大学生创新创业训练计划”立项资格。已有 3 家重庆本地企业主动寻求合作，有两家公司是“一缕渝风”团队参加大创慧谷比赛时接洽的。陶虹源说：“参加大创慧谷比赛时，还太稚嫩，没有很好地回应评委提出的一些问题，导致最后的成绩不是很理想。但是答辩结束后，就有两家企业同时找到我，说想和我聊聊。当时心里还在想，不会是骗子吧，怎么会找我呢?”其实很简单，他们是看到了陶虹源团队的潜力和大学生创业团队的朝气。其中一家公司也是由大学生团队做起来的，同样做文创，他们看到了“一缕渝风”的潜力。交谈过程中，针对陶虹源的项目，对方提了一些看法和建议。鼓励陶虹源和他的团队不要因为一次比赛就否定自己；只要项目有潜力，就有可能成功。对方准备在大学城兴办一个文创创业园，邀请“一缕渝风”入驻，可以为“一缕渝风”团队提供更加广阔的平台，并帮助其宣传推广。目前合作事宜还在进一步洽谈，相信“一缕渝风”很快就可以入驻创业园，实现充分孵化。另外一家企业主要向国内外游客提供重庆两江邮轮旅游服务。他们看到“一缕渝风”项目对宣传重庆文化及对剪纸艺术的传承意义，欲让“一缕渝风”团队成为其固定合作商家，为其提供高质量的文创产品；同时，可对“一缕渝风”项目进行宣传推广。针对这一合作提议，陶虹源和其团队已制作完成了两款产品——含长江索道图案的钥匙扣和重庆特色明信片，两种产品都得到了游客的欢迎。该产品具有一定的代表性，通过产品游客可以更直观地感受重庆本地文化底蕴，激发其游览热情。

陶虹源参加重庆市第四届大学生创新创业成果展洽会

面对过往成绩，陶虹源和其团队并没有懈怠；而是继续打磨项目，为其注入新的活力。思考如何紧跟时代步伐，吸引更多关注。创业路漫漫，相信他们不会因为眼前的一点挫折而停滞不前，会积极面对。未来，他们将立足学校，争取在接下来的各类创新创业类比赛中取得更佳成绩，让项目走得更远、更好。正如他们所说，“一缕渝风，我们一直在路上。”

【导师点评】

1. 做生活的有心人——创业机会识别

识别创业机会本质上是一个获取、加工并处理信息的过程，关键在于获取别人难以识别的有价值信息，并利用优越的信息处理能力去挖掘信息背后的商业价值。陶虹源正是看到了近年来重庆逐渐成为全国乃至全世界热门旅游城市，可以通过剪纸这项传统手工艺传播重庆深厚的文化底蕴。在学习生活中，陶虹源通过与外国留学生交流，了解他们的兴趣爱好，从而有了做“一缕渝风”项目的想法。

2. 团队组建是创业的重要一环

将创业想法付诸行动，创业者往往需要借助团队的力量，但团队不是一般群体。团队成员的个性、能力及作用须是互补的，且能够相互信任、协作、共同承担责任。在陶虹源的创业团队中，有负责市场调研的，有负责组织协调、整合各项资源的，有负责幕后技术研发，成员分工明确，相互信任、配合默契。

3. 不忘初心，砥砺前行

无论是识别创业机会，还是整合资源，将创业梦想变为现实，不会一帆风顺。缺乏坚韧不拔、愚公移山的创业精神，难有作为。陶虹源和他的团队深知创业之路刚刚开始，前方还有诸多困难问题等着他们去面对、去解决，唯有坚持，不忘初心，砥砺前行。作为大学生创业团队，他们深知自身的优势与不足，唯有不懈努力，才会不负青春。

教育“漫画”
——启迪心灵的绘梦之旅

人物志

姓名：洪玉

入学年级：2016 级

入读院系：教育学院

就读专业：教育学

创业项目

蒙智苑双语绘本工作室，致力于原创传统文化双语绘本，为学龄前儿童打造具有中国特色的双语绘本，提供传承中华优秀文化，营造双语习得的适宜语境。

【创业故事】

奋勇向前，只因深信教育的力量

专业为教育学的洪玉知道教书育人是一件很神圣的事情。人们总说教师是红烛，是耕耘者……但教育是什么？在她心里更像是一个哲学命题。

在众多解释中，最打动她的是雅斯贝尔斯在《什么是教育》里说的一句话："教育是一棵树摇动另一棵树，一朵云推动另一朵云，一个灵魂唤醒另一个灵魂。"教育是启迪、是唤醒、是潜移默化地影响，而不仅仅是传道授业解惑。

启蒙教育无疑会对一个人产生重大影响。近年来国家对学前教育、儿童成长高度重视，学前教育将是未来重点发展领域。近年来，在学前教育领域频发恶性事件，让学龄前儿童的成长与发展受到了社会的广泛关注。作为一名教育学专业学生，她希望通过自身的努力可以推动专业领域的相关发展，为孩子们搭建一方快乐、健康的成长园地。基于此，她将目光投向了学前教育。

吃苦耐劳，是他们的代名词

做原创传统文化双语绘本，洪玉起初是受一位学前教育专业老师的启发。将中华优秀传统文化以绘本形式表现出来，充分利用学校外语专业优势，不仅可为孩子提供一方学习传统文化的园地，还可让儿童浸润在外语习得的自然环境中。可以解决一味引进原版英语绘本，忽视英语在中国作为第二语言习得的特殊性以及中外文化差异导致的幼儿认知水平、语言难度及文化认同感三者难以匹配的现实问题。

为了检验自己的想法是否具有可行性，洪玉与几位同学组建了一个创新团队，并于2018年参加了第八届全国大学生电子商务创新、创意及创业挑战赛，创青春全国大学生创业赛，第四届中国“互联网+”大赛等一系比赛，荣获多项奖项。想法和创意得到了大家认同，这让洪玉团队更加确信创业方向是正确的。比赛不是目的，他们希望通过比赛积累经验进而有助于项目的后期推进。结果证明，丰富的比赛经验不仅提升了团队的凝聚力，而且让团队成员有机会现场聆听来自评委老师的建议。这些建议很有价值，可为项目后期发展提供方向性指导。

对于一个初创项目，成绩无疑是令人鼓舞的。但是只有团队和指导老师知道，这一切都是大家努力奋斗的结果。掌握学

洪玉团队成员在指导老师的带领下参加比赛

三创赛

获奖证书

蒙智苑双语绘本工作室

贵团队的作品荣获第八届全国大学生电子商务“创新、创意及创业”挑战赛总决赛

三等奖

特发此证，以资鼓励。

团队成员：洪玉 张议月 李琳轶 邓诗冰 杨华明

指导老师：郑秀敏

证书编号：SC085003482

洪玉团队获“三创赛”全国三等奖

前教育的专业知识、走访各类幼儿教育机构、做问卷市场调查、联系绘本专业作者、撰写项目计划书、筹备比赛……团队

成员定期开会，集中讨论面对面沟通快速解决问题。为了解幼儿双语教育的现状，让项目扎根于现实，他们利用课余时间走访合作幼儿机构进行实地考察。考察过程中，他们认真观察、虚心请教幼儿教师和园长，以便改进项目。

让洪玉记忆最深刻的有两件事。一是在为“三创”赛重庆市赛做准备。因为第一次参加这样的市级比赛，赛前大家不敢大意，计划书检查了一遍又一遍，路演 PPT 和讲稿直到比赛前一刻才定稿，就是想把团队想法表达得更清晰些。比赛前一天晚上，整个团队和指导老师在学院办公室修改计划书到晚上 11 点多，待大家回寝室准备好第二天需要的资料，已近凌晨 2 点。回想那段时光，虽然很辛苦，但是团队成员没有一句怨言，因为可以做自己喜欢的事情。

二是团队实践周走访幼儿园与幼儿教育机构进行实践调研。一周时间里，除了参加院系安排的其他活动外，团队还积极利用这段时间到各个幼儿园和幼儿教育机构进行了实践调研。连续三天，大家每天早上 6 点从学校出发，去重庆市内各调研点进行观摩学习。他们深入课堂，与一线老师及管理者深入交流。每天参观结束回到学校就是晚上了。虽然很辛苦，但是这样的机会难得，大家不敢懈怠，努力向调研单位汲取项目发展所需的成功经验。事实证明这样的调研确实为工作室课程设计与活动开展提供了很大帮助。在洪玉的记忆中，走访、调研虽艰辛、匆忙，但收获很大。

团队走访、调研早教机构

砥砺前行，希望没有终点

成功后的洪玉没有因此停止脚步，她深知教育事业永远没有终点。如何检验项目的可行性？洪玉想到为教师子女开展幼儿绘本教育。这么多孩子，为什么不为他们开展一些绘本活动呢？既能让孩子们体验绘本的乐趣，又能促进团队成员在实践中快速成长。于是，他们在公众号上发了一条绘本活动的推送信息。没想到，家长反应热烈，以致报名人数大大超出了预定名额。第一次绘本阅读活动经过近一个月筹备顺利举行并圆满结束，活动受到了学校老师的一致好评。老师们纷纷表示希望工作室多举办类似活动。有了第一次的成功经验，工作室紧接着举办了第二次活动。第二次活动是以“中华传统文化”为主题的新春游园会。活动安排在元旦，通过网上报名。活动设有不同的体验区，有剪纸、套圈、猜灯谜等。为便于小朋友参与其中，活动采用游戏方式，使其能够真正体验传统文化的魅力。活动中小朋友们十分开心，并且能够领会传统文化的魅力。家长们认为孩子参加这样的活动十分有意义，希望工作室能继续做好类似活动与课程。团队成员在两次活动中学到了很多，不仅在课程与活动组织经验上得到了积累，更重要的是更加了解了孩子，知道如何和孩子沟通交流。

历时近一年，他们拿到了著名绘本作家王亚鸽老师的第一版绘本文字稿，随即投入到英文翻译及插图的绘制工作中。第一个系列绘本以中国二十个四节气为主题，通过绘本让儿童识节气、感受中国文化之底蕴、领略自然风光之美。绘本以童谣形式呈现，抑扬顿挫，朗朗上口，并配有英文翻译，为儿童提供了一个适宜的语言习得环境。

工作室举办第一次绘本活动

第一次绘本活动后，大家合影留念

与专业绘本作家合作的同时，工作室也开始尝试创作绘本，文字及插图皆由创业团队自己完成。创作过程中，大家发现幼儿绘本看似简单，实际上却蕴含很大消信量，需要作者不断探索。在专业老师指导下，他们创作并完成了三个作品。第一个作品是根据故事《井底之蛙》改编的，保留了故事语言本身特色，但对故事情节进行了创新与改编，并以双语呈现；第二个作品以传统技艺皮影戏为主题进行创作；第三个作品则是结合中国农历新年习俗与现代社会生活的变迁进行对比创作。

绘本创作不是一蹴而就的事情，需要团队成员具有厚实的理论与实践知识，同时要不断改进创新。为此，他们计划前期对绘本创作进行精心打磨，拿出好作品，再进一步打造实体绘本馆；根据不同系列的绘本设计富有特色的绘本课程，让儿童能够其身临其境地感受中华传统文化。这个过程一定是漫长且艰难的，但洪玉和其团队有志于向专业领域深入发展，相信有志者事竟成。

关于这段创业经历，洪玉及其团队成员感触颇深。只要心里有根，就能找到滋养你的养料。更重要的是，他们深深体会到拥有志同道合者实乃其大幸，相信未来可以快速成长。

【导师点评】

1. 学以致用，走专业创业之路

蒙智苑原创双语绘本工作室积极响应国家号召，将专业知识与创新创业相结合，走出了一条具有专业特色的创新创业之路。将专业学习与创新创业相结合既有助于成员自身的专业发展，也能够保证创业项目的专业性与发展性。百度创始人李彦宏本科就读北京大学信息管理专业，硕士就读美国纽约州立大学布法罗分校计算机科学专业；网易云创始人丁磊就读电子科技大学通信工程专业；腾讯创始人马化腾就读于深圳大学计算机专业……他们都是将专业知识应用于创新创业并取得成功的创业标兵。蒙智苑原创双语绘本工作室的成员大多具有教育学专业背景，学前教育作为教育学的分支是教育科学的重要组成部分。工作室成员已在本科阶段学习了学前教育专业知识，并在课余时间积极投身于相关实践调研活动，从而为创业打下了坚实的基础。

2. 抓住市场痛点，促进行业发展

创业不是凭空想象，也不可跟一时之风，它需要着眼于市场，填补市场需求。当前，学前教育越来越受到社会各界的重视，大家迫切希望幼儿能够受到良好教育。目前，市场上已存有以各种教育理念创建的幼儿教育机构、幼儿园等，幼儿双语教育更是普遍化。但是，如何让孩子在进行双语习得的同时保证母语学习不受影响，树立儿童的本土文化意识，是迫切需要解决的问题。蒙智苑原创双语绘本工作室正是在尝试解决这样的问题。通过创作以中华传统文化为主题的双语绘本让孩子既能受中华传统文化感染，又能进行双语学习。既能够在一定程度上促进学前教育的发展，又能满足市场的现实需求。市场真正需要什么是创业者需要冷静思考的重要问题。

3. 勇于探索、不断创新是必备品质

创业项目仅仅局限于想法或依靠一种模式是不可能得以持续发展的。要不断探索，不断对各种因素进行考量和更正；与此同时，要跟随时代，不断创新。幼儿绘本的创作不仅需要专业知识，还需要源源不断的想法和创意。工作室只有勇于探索、尝试才能创作出了符合时代的绘本故事，让传统文化更易于传播与推广。洪立团队依据传统文化的教育功能，让传统文化在当代教育中依然保持活力，使传统文化得到传承与发展。因此，作为一名创业者，要努力开阔眼界，敢于尝试，对产品进行创新，以保证不被市场所淘汰。

另辟蹊径
——替他人规划梦想的圆梦者

人物志

姓名：谭鑫

入学年级：2009 级

入学院系：应用外国语学院

就读专业：英语（国际贸易）

创业项目

重庆泰蓝文化传播有限公司，以人才培养为核心，与著名高校实验机构、国际著名企业，以及相关专业机构合作，提升人才科研创新能力、实践运用能力，打造个性化人才培养平台。

【创业故事】

刚入大学，谭鑫就有了创业念头。但当时没有什么计划，根本不知道该如何开始。直到大学三年级，在接触了金融学相关知识后，她的创业思路豁然开朗。通过第一次创业，谭鑫赚到人生的第一桶金，创业的决心更加坚定了。

创业初体验，坚定创业心

创业前，谭鑫有许多想法：开一家个性化婚纱礼服店，解放女性的主题心灵馆，或者是一家心理辅导咖啡厅等。但这些想法都被她否定了。

直到大学三年级，创业的小火苗再次被她的第二专业——金融学点燃。说干就干，她从网上购进 200 双雪地靴，并在学校的每一栋女生宿舍楼都张贴上广告。仅仅一个星期，谭鑫的雪地靴全部卖光了，盈利高达 200%。经过这一次尝试，创业之火在她心中越烧越旺。

“90 后”是一个特别容易接受新生事物的群体，谭鑫也不例外。她对很多新生事物非常感兴趣，时常会萌生各种各样的想法，这一点对创业有很大的帮助。谭鑫提醒自己要紧跟时代潮流，不能掉队。“我是一个非常执着的人，只要认定的事情，一定坚持到底。不管中途有多少困难，都会迎难而上，一往无

创业导师走进留创园

前。”初中的时候，谭鑫非常喜欢饰演哈利·波特的英国演员丹尼尔。她写了一封信给他，还用零花钱给其买了一些礼物。因为当时没有多少钱，就选择了最便宜但时间最长的海运方式邮寄，足足用了三个月。虽然周围所有人都觉得她在异想天开，但她相信丹尼尔会收到信并会给她回信。结果谭鑫真的收到了丹尼尔的亲笔回信。“只要相信自己，你就一定能行！现在我把这种执着坚持践行在创业上，不管有多艰难，我都坚信一定可以。念念不忘，必有回响！”谭鑫认真地说。

赴美深造，融入新思考

临近毕业，面对各种选择，谭鑫没有丝毫犹豫，毅然前往美国攻读工商管理专业。“经历告诉我，这是一个非常明智且正确的决定。行万里路，读万卷书，还是非常有道理的。”谭鑫自信地说。

到美国后，进入一个全新的环境，难免有些不适应，但她坚持以一颗接纳的心去融入。

谭鑫个人照

“美国的经历给了我非常大的触动和启发。”通过日常沟通交流，谭鑫发现很多美国同学都有清晰的人生和职业规划。有的选择继续深造学习，有的则在毕业之后给自己一个 GAP YEAR（间隔年），去尝试喜欢的工作或者周游世界、做公益。

每个人对人生都有清晰的规划。“他们侃侃而谈，充满自信。对公益的热心，对外来文化的包容，对梦想和未来的坚持，这些都默默地感染着我。除了好成绩，健康的体魄、高尚的灵魂、开放包容的心胸、勇敢坚强的意志更值得每个人去追求。”带着帮助更多人更好地实现人生梦想，为社会培养更多高素质综合性人才的初心，谭鑫创立了泰蓝文化。

“电影《天下无贼》中有一句台词：‘二十一世纪什么最贵?’‘人才。’有人才的地方才有未来，人才是最重要的经济要素之一。”各城市上演的“抢人大战”体现了各地对人才的渴求。这是时代变化，城市竞争步入新阶段的必然反应。人才培养是重中之重，只有源源不断地输入人才，才能形成良性竞争，让人才在各行各业发光发彩。

乘风破浪，逆境见成长

创业初期，由于资金有限，所有的事情都需要自己解决，如装修办公室、发传单、联系客户、登门拜访等。遭冷遇是常事，被质疑时有发生。

由公司知名度不高，客户对泰蓝文化的信任度并不高。有一个谭鑫跟了两个月的客户，最后签约时突然打电话给谭鑫说：“我想了下，要是你们公司突然关门了怎么办，我还是决定不签了……”“当时我是又着急又委屈。”之后她发了一条特别长的短信给那位客户，并向他保证绝不会跑单，真诚地希望对方给她一次机会。谭鑫的耐心和诚意打动了对方，客户最终选择了泰蓝。“这件事给了我很大的信心。很多时候，不到最后一刻一定不要放弃。”

为了一笔两百元的业务，在重庆最热的季节五次往返客户公司，最终拿下合约。坚持就是胜利。谭鑫回忆说：“不断摸索，积累经验，相互磨合，互相鼓励。有时候反倒觉得困难更能使我们成长壮大，苦难之后的甘甜让我们更加珍惜。”

念念不忘，终有回响

谭鑫从创业的第一天起，创业导师就告诉她，一家优秀的企业必定是一家有社会责任感的企业。公司成立之初，就一直致力于公益活动。现在，培养具有社会责任感的人才成为公司衡量人才的一项重要标准。

截至目前，泰蓝文化已帮助近300名学生做了综合能力提升规划，将近100人参与了泰蓝文化的能力提升活动。他们中有人去了泰国清迈当国际志愿者；有人去了清华大学实验室；还有人去了哈佛大学学习……

在参与背景提升活动的人数稳定增长且活动类型趋于完善后，泰蓝文化打算建立一个人才库。把所有参加公司项目的学生资料整理归档，并与这些学生保持良好的沟通和联系。与此

渝台青年创业就业成果经验分享会

同时，积极与当地相关部门及企业做好联动，了解最新的人才政策，企业最紧缺的人才类型。做好资源转化和共享，将人才就职意向、就业轨迹与当地的人才需求情况动态匹配；将合适的人才输送到适合的岗位，建立从人才培养到落户的完整人才链条，让优秀的人才更优秀。

除去海归创业者这一光环，谭鑫只是一个普通的“90 后”女孩。爱好简单，看书、旅游和朋友聚会。“我一直觉得工作和生活是不冲突的，工作的目的是更好地生活；美好的生活则可以为工作积蓄能量。提高工作效率，做好规划，工作时百分百投入，养成今日事今日毕的好习惯，这样就可以有充足的时间留给生活。”这是谭鑫对工作生活的规划。

【导师点评】

1. 发现自己，坚持梦想

谭鑫入学之初就有创业梦想，并在学习第二专业的过程中明晰了创业路径。在赚取人生的第一桶金之后，创业的决心更坚定了。毕业之后她没有选择就业，而是赴美留学。留学生涯开阔了她的眼界，在北京工作一年后，她重回重庆创业。创业者要向谭鑫一样，应学会正确评估自己；明确要做什么，怎么去做，是否在自己的承受范围之内。这样创业才会更加顺畅。

2. 识别创业机会是成功创业的第一步

创业者一定要善于发现商机。留学美国时，在与新思维、新文化的碰撞过程中，谭鑫确定了自己的创业方向。她发现美国的师生都有明确的职业和人生规划，而中国学生往往缺乏这方面的意识。帮助大学生进行职业规划，助其成才，使其在竞争中获胜成了谭鑫的创业契机。

3. 理想与坚持、眼光与胆识，大格局助其实现创业梦

创业之初，谭鑫面临重重困难；但她没有放弃而是迎难而上，坚持自己的初心。她眼光独到，找准了市场空白；同时具有远见卓识，把人才信息与社会对人才的需求相结合。她创立的泰蓝文化是家有社会责任感的企业，所培养的人才都具有高度社会责任感。唯有大境界、大格局，方能成就大事业。

想做就做
——霸气女孩的先锋手作馆

人物志

姓名：张慈雯

入学年级：2017 级

入读院系：英语学院

就读专业：英语专业

创业项目

嘲笑鸟（Mocking Jay，MJ）高级私人定制手作馆，从事手作产品的个性定制，宗旨为“做你所想，只要唯一”。

【创业故事】

小技能，大变现

古灵精怪的张慈雯，对色彩敏感、个性独特的她注定与“原创”“艺术”“前卫”相连。

大学一年级暑假，她第一次接触手作。出于兴趣做了几只口红，成功的体验激起了她的创业欲望。她决定干脆开一家小店，做大牌口红的色号替代款。对颜色的模拟过程如同饥饿游戏中会模仿人声的嘲笑鸟一样，于是她给这家小店起名为“嘲笑鸟”。

参加重庆市第四届大学生创新创业成果展洽会

但是渐渐地，张慈雯发现小小的口红管已经装不下自己的创作野心和制作欲望了。造型逼真的食玩配件、千变万化的色精、琳琅满目的树脂装饰材料、形形色色的模具、鲜艳又热烈的丙烯颜料……这些才是开辟创作疆土的最好利器。于是自2018 年 5 月起，张慈雯开始在寝室的小桌子上“玩耍”起来。她说：“手作就是那个会让我沉浸其中，忘记时间忘记空间的事。一想到做手工我就会激动，眼睛会放光，是真的着迷。”她给室友每人做了一个手机壳，身边的好友都有她亲手做的壳。“很精美”“好漂亮”“太有特点了”，大家的赞不绝口让她坚定了创业的想法。“可以卖出去，我要开店。”个性至上的年轻人都希望自己独一无二，个性化定制备受推崇。就这样，起初只是用来娱乐的兴趣爱好，成了张慈雯的创业承载，她在商业与文创的道路上越走越远。从小就被妈妈批评“想一出是一出”的她，看似是不知天高地厚的“野心家”，实则是实干家。“内核是野心家可以，但是必须是实干家。”张慈雯这样说。

项目 logo

张慈雯给自己的小店定位：小资却不庸俗、小众新奇、风格百变，大胆先锋但符合主流审美。嘲笑鸟手作馆就是一家这样的工作室。张慈雯紧随最新流行趋势，选取适当元素应用于产品设计。如 2018 年大热的网红火烈鸟及 ins 风彩色独角兽、欧美复古蒸汽波元素，在张慈雯的店里都能找到对应的专题。目前，她正对时下最受“千禧一代”欢迎的港式工装风进行研究。张慈雯了解欧美时尚风潮，熟知众多歌手和明星风格，这是同行无法复制的优势。

创业虽艰辛，但求终成长

张慈雯毕竟只是一个学生，“商场如战场”，张慈雯知道自己有很多知识需要学习、有很多问题要面对。为了节约经费，从铺面装饰设计到入场装修，每一件事她都亲自上阵。通过不断摸索、学习，她最终完成了淘宝店铺的上新筹备、摆设装修等工作。那段日子，她常常一待就是一整天。“世上无难事，只怕有心人。”今天，她的店铺是满分店铺。“实物与描述一致、卖家服务态度好、物流服务快”，这些都是消费者给予其的评价。张慈雯认为，能够得到消费者的认可，与自己当初坚持的三个原则有很大关系。

1. 坚持原创

“我宁愿上新速度慢同行一年，也要在款式上抢先，哪怕一秒。”她的手作馆里的全部产品都是百分百的独家原创，是张慈雯绞尽脑汁创造出来的生命。“不会烂大街”“极少撞款”

与英国伦敦圣玛丽大学副校长 John Brewer 亲切交流

“超有特色”“独家限定”…… 谁能抵御这样的诱惑呢？

2．爱顾客

“爱顾客”即服务要全心全意、售后要认真负责，要和顾客交朋友，照顾顾客的需求、给顾客以惊喜，用她的话说就是“顾客是需要宠的”。她记得每一位顾客，在时间允许的情况下，她还会与顾客深入沟通。谁能想到耐心体贴的客服有时候就是那个做手工的掌柜！

3．产品多元化

她知道走“多元化风格”有风险。当下各类店铺，一般都有一个主题风格。店铺要么日系，要么欧美；要么暗黑，要么甜美；要么传统国风，要么北欧现代……但张慈雯不希望自己的店铺如此，她不喜欢受局限，主张设计风格要千变万化。

"就像一个具有多重人格的人，这样才有趣。"

**在重庆市第四届大学生创新创业成果展洽会上
与帮扶导师现场签订孵化协议**

2018 年 9 月 29 日，张慈雯代表四川外国语大学参加"梦创计划"大学生创业项目路演；2019 年 10 月 25 日，作为代表为莅临学校的专家组讲解。2019 年 10 月 28 日，她在一位助理的陪同下与洛曼恩公司达成一份商业合作协议。令她感到万分荣幸的是，在学校创业园区接待英国伦敦圣玛丽大学的副校长 John Brewer 时，自己的原创产品给对方留下了深刻印象，获得了 John Brewer 亲自赠予的"天使投资"。John Brewer 还留下私人名片希望日后能与手作馆进行合作。除了运营微店、淘宝店等境内电子商务，张慈雯正计划让自己的文创品牌走向世界。英语专业的她决定利用好语言优势，将店铺登录 inselly、etsy 等国外销售平台。

对电商平台及合作企业的筛选，张慈雯已积累了不少经验。义乌，各式小手工艺品诞生地，批发经销商众多。这对于作为生产制造商的张慈雯来说，有合作机会。但是，张慈雯深知“零售”“批发”与店铺“私人定制”“手作”的初衷、特点相悖，筛选的难度很大，再加上特点有时并不会被直观感知，张慈雯必须投入很多时间精力去了解对方。但是任何困难都无法打消这位白羊座东北女孩的创业热情和决心。

张慈雯作品——定制手机外壳

心之所向，一往无前

小小店铺，从线上到线下，从单一手机壳定制到如今的十大类个性化定制产品，从校园到全国再向异国他乡，一路走来，张慈雯一步一个脚印。她对自已说，别回头，只管往前走。虽然常有超出其承受范围的苦和累，但既然迈出这一步，她就不会随随便便放弃。对张慈雯来说，凌晨三点半睡早晨六点半起是常事，晚上十点拖着疲惫的身体从工作室爬坡回寝室是常事，滴胶的味道萦绕手指挤牙膏都会皱眉是常事，进货选品看得眼冒金星头昏脑涨是常事，背着一堆书坐地铁和“相关

张慈雯作品——定制手机支架 1

部门的工作时间”赛跑是常事，挤奶油胶挤得手腕发酸、搅拌滴胶小臂发抖是常事……时间是最宝贵的，作为一个认真对待学业的大学生，她不同于那些全职的淘宝店主，可以全身心投入经营；她只能“挤”时间，竭尽所能地利用零零散散的碎片时间。为了节约时间她剪掉了留了许久的长发，不再去跳舞和打架子鼓。为了创业，必须要丢掉一些爱好，尽管她很舍不得。

张慈雯知道，创业难免要和形形色色的人打交道，不管你

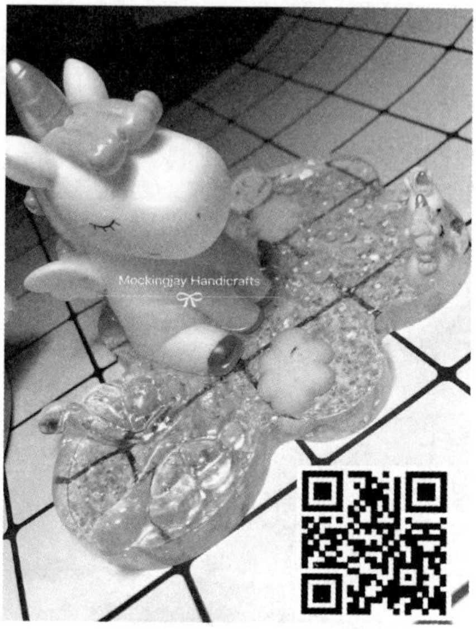

张慈雯作品——定制手机支架2

懂不懂、明不明白，对方都不会因为你是个大学生而让你分毫。她所能做的，就是边做边学，认认真真地做事。她相信自己的能力，面对困难绝不低头。困难有时是灵感枯竭设计没有思路的烧脑，有时是筛选合作方左右为难的慌乱、洽谈碰壁的气恼，有时是制定下一步发展规划的焦虑。

张慈雯很喜欢北野武的一句话："就算辛苦，还是会选择滚烫的人生。"

承载了太多期许，怎敢轻言放弃？无论多难，这个倔强的霸气女孩都不会退缩，年轻就是用来尝试与纠错的。

【导师点评】

1. 从爱好出发，发现商机

张慈雯身上值得我们学习的品质有很多，从其创业经历我们可发现兴趣爱好的重要性。将爱好坚持下去并成功升华为商业项目非常了不起。创业过程中有苦也有甜，做自己喜欢的事往往能让你在创业的道路上走得更远。与其绞尽脑汁地捕捉创业风向，同学们不如想一想自己擅长的喜欢的领域有没有商机。

2. 做一个“聪明”的创业者，学会思考

商业嗅觉是张慈雯一直努力培养的，她总能抓住大的行情和风向标，并实时做出改变。同时，保持“定力”，不忘初心，不偏离自己预先设定的轨道。一旦不适合，就算再火，张慈雯也会果断放弃。创业要学会学习，坚持创新。行行都有门道，看似轻巧的手作，实际上奥秘很多。张慈雯总是能够充分利用现代化的便利条件，从不停止对新技巧的探究。她反复琢磨，不断思考新的款式、新的做法，这是其工作室脱颖而出的原因之一。雷·达里奥说过：“如果你现在不觉得一年前的自己是个蠢货，那说明你这一年没学到什么东西。”无论做什么，我们都要不断学习。

3. 创业者，必须坚毅，能吃苦

三分钟热度的人不适合创业，不能走出舒适圈的人不适合创业，只说不做的人不适合创业。创业的人有很多，但是能坚持下来的却很少，因为每一朵小花都是用汗水和泪水浇灌出来的。运动员要日复一日地辛苦训练才能取得好成绩，对创业者来说亦是如此。创业如同一场马拉松，参与其中的我们都是马拉松运动员，要崭露头角就必须磨炼耐力、咬牙坚持。创业不易，一旦迈出去就很难退回来。若是相信自己有能力，有信念，那就看准时机，不妨试一试。时间不等人，青春的绚丽华章等待你尽快开启。

不忘初心
——扎根校园，开发大学生旅游市场

人物志

姓名：嗨森游团队（陈泓舟、李金蔚、童全红、杨均霜等）

入学年级：2016 级、2017 级、2018 级

入读院系：国际商学院、商务英语学院、日语系等

就读专业：酒店管理、商务英语、日语、市场营销等

创业项目

组织重庆大学生旅游联盟，开拓重庆市大学生旅游项目，主要开展周边游、大学生日常娱乐活动等。

【创业故事】

创业初心

2010 年，在重庆高校圈出现一位风云人物。他活跃于社团、学生会，拥有众多好友、深受老师喜爱，学习成绩优异，大家都叫他“陈奋斗”。他就是重庆大学生旅游联盟的创始人陈泓舟。

陈泓舟的大学生活非常精彩。

大学一年级，他带领团队，把一个名不见经传的小协会实践与就业协会发展成为学校十大优秀社团之一。他在学校的每一栋宿舍楼里，开起了自己的“奋斗连锁打印店”；曾经批发几千双袜子，走遍所有男生宿舍。

大学二年级时，他结识了一位商人——欧阳。他被欧阳的演说魅力所折服，开始跟随欧阳在重庆创业，成为欧阳的左膀右臂。欧阳做过公益活动、卖过教育课程、开过进口食品超市。陈泓舟追随他，学到了不少创业知识。

2014 年 6 月，正是毕业之时，陈泓舟遇到了前所未有的困难。由于资金链断裂，欧阳的进口食品超市倒闭了。欧阳面临破产，陈泓舟则面临失业。在巨大的经济压力下，即将毕业的陈泓舟，被迫寻找新的工作。

上了两个月班，陈泓舟实在坚持不了了。朝九晚五的生活让他感觉无趣、压抑，他萌生了创业想法。2014 年 10 月，陈泓舟背着一个书包就踏上了旅途，这一次他去了青海湖。旅途中壮丽的景色开阔了他的视野，他确信自己爱上了旅行，并愿意投身于此。大学时期，由于一些现实原因，他总是选择一个人远行，这是他的遗憾。创业做旅游，他希望可以让大学生实现轻松、便利、安全出行，丰富大学生活；使广大大学生在领略美丽风景的同时，有机会交往更多志同道合的朋友。带着这样的初心，陈泓舟迅速组建了团队，开始了他的创业之旅。

嗨森游承办的“童趣仙女山·遇见最美毕业照”活动

磨砺·重组

做旅游，首先要保证游客安全，要遵纪守法。为此，他拜访了很多旅行社，推销他的大学生旅游市场研发计划。当时，重庆旅游市场仍然是以中老年游客报团出行为主，没有人看好大学生市场。陈泓舟因而没少受人白眼和轻视。

开始，大家每天天没亮就上班，很晚才下班。团队成员为联盟的发展努力奋斗。大学生旅游市场如何开发，团队如何搭建，采用何种盈利模式，一切都是未知数，连学习模仿的对象都没有。陈泓舟带领着他的创业团队，苦苦探索。

他没有气馁，但团队成员却开始动摇。

2014 年 12 月，陈泓舟参加了全国大学生黑马创业大赛，比赛由黑马会举办。凭着一腔热血，凭借手中刚开始的“空壳”项目，他一路杀进了全国总决赛，取到了仅次于清华大学、北京大学创业团队的好成绩。这个好消息，振奋了团队，也坚定了陈泓舟继续做下去的决心。但团队其他成员，却有了不一样的想法。一些成员即将毕业，项目的持续亏损也让他们开始动摇。此外，个别合伙人因私下接私活产生利益纠纷，致使团队成员关系破裂。2015 年上半年，团队成员一个个选择放弃。

对陈泓舟来说，这是很沉重的打击，但更多的是自责。他觉得自己没有做好，辜负了大家的信任。但眼前困境不给他缓解悲伤的时间，他只能咬牙坚持。不久好消息来了。他曾经拜访过的旅游百事通公司、重庆酉阳桃花源景区都看好大学生市场，但无奈大学生对传统旅行社的排斥度很高。在活动开展不利情况下，他们想起了陈泓舟；于是找到陈泓舟，邀请他加入。接到电话，陈泓舟激动不已，意识到这是个非常好的机会。于是排除万难完成了旅游百事通的任务。正是与旅游百事通的这一次合作，陈泓舟迎来了事业的转机。

桃花源景区管理人员、居民强烈感受到陈泓舟一行人的活力，他们成了景区内一道风景线。更重要的是，他们擅长自媒体运营，乐于分享生活，成为影响一个个家庭甚至未来消费主力的推手，信息自发向外散发。这一次尝试，不仅让陈泓舟确定了目标定位，更给了他坚持下去的动力和信心。很快，陈泓舟就确定了企业的盈利模式“活动 + 旅游”，成立公司加盟旅游门市，快速抢占大学生旅游市场，催生了重庆大学生旅游联盟这一品牌。

2016 年至 2018 年，重庆大学生旅游联盟发展非常顺利，其商业模式也被竞相模仿。“祸兮福所倚，福兮祸所伏。”由于团队缺乏管理经验和危机意识，团队部分成员另起门户，成了陈泓舟的竞争对手。创业之路总是充满挑战，创业者自身的短板会逐渐显露。年轻的创业者需要不断完善自己、充实自己，陈泓舟已经做好了准备。

嗨森游成功承办2019 云阳龙缸国际青年爱情旅游文化节

不忘初心，坚定前行

2019 年，陈泓舟创业第五年，也是他创业实现重大突破的一年。随着竞争对手不断涌入，旅游市场也充满挑战；新的一年，陈泓舟早已忙碌起来，节奏比以往任何时候都要快。

申请中的旅行社和正在布局的“旅游 +”板块，已印证了他强大的执行力和必胜的决心。

从荆棘中走来，亦将走进更险峻的前方，陈泓舟保持着“花花世界，静守己心”的心态，坚持做好大学生旅游的初衷；为更多青年学子提供便利的出行条件，丰富其大学生活，力所能及地帮助他们顺利就业、创业。情怀始于校园，也扎根校园。他希望他所做的一切，不仅使自己的生活变得更好，而且使更多人向美好靠近。

【导师点评】

1. 兴趣是创业基石

“人若志趣不远，心不在焉，虽学无成。”诚然，体面安稳的工作是多数人羡慕的，可对于陈泓舟来说，朝九晚五、平淡无奇的生活索然无味。追求风尚，享受挑战的个性让创业的种子在陈泓舟的内心萌发。出于热爱，他将兴趣变为自己的职业。对市场敏锐的洞察力使他很快发现重庆大学生旅游市场的潜力，对于旅游的热爱促使他走出了创业的第一步。对于大学生而言，兴趣是创业的基石。陈泓舟同学能清楚地看到自己的兴趣所在，并能发现其中的商机，这一点值得有创业打算的同学学习。

2. 磨难是成功的试金石

据大数据统计分析，大学生创业成功率仅为5%。主要原因是创业过程中未知因素太多，磨难太多。就大学生创业而言，是筚路蓝缕的过程，成功者可谓少之又少。由陈泓舟的创业经历可知，直面挫折，战胜磨难是成功的不二法门。其在团队解体的困境之下，能咬牙坚持，抓住机会，并最终迎来转机。这是一个团队领袖必不可少的优秀品质。

3. 不忘初心，方得始终

创业团队历经多次重组，陈泓舟的事业才终有所成。在项目稳步推进时，陈泓舟陆续推出由大学生旅游衍生出的一系列新业务。但这并不意味着陈泓舟抛弃了创业初衷。创业最忌讳的便是广撒网，网撒得多，捕到的鱼未必多。大学生创业要抓住重点，明确创业重心，以初始想法为中心向外辐射，一步步将事业做大做强。